Monika Büchel

Auf dem Passionsweg
zur Osterfreude

bibellesebund
mit der Bibel leben

Alle Bibeltexte nach der Übersetzung
Gute Nachricht Bibel

ISBN 978-3-95568-000-8
© 2013 by Verlag Bibellesebund, Marienheide
Alle Rechte vorbehalten

Umschlaggestaltung: Georg Design, Münster
Satz: breklumer-print-service.com
Druck: Schreckhase, Spangenberg

INHALT

STATION 1

Wenn Wissen unser größtes
Bedürfnis wäre, hätte Gott uns
ein Universalgenie geschickt.
Wenn Technologie unser größtes
Bedürfnis wäre, hätte Gott uns
einen Technik-Wissenschaftler
geschickt.
Wenn Geld unser größtes
Bedürfnis wäre, hätte Gott uns
einen Ökonomen geschickt.
Wenn Unterhaltung unser größtes Bedürfnis wäre, hätte Gott
uns einen Entertainer geschickt.
Aber so, da Vergebung unser
größtes Bedürfnis ist, schickte er
uns einen Erretter.
Verfasser unbekannt

Sonntag in Jerusalem · Markus 11,1-11

Kurz vor Jerusalem kamen sie zu den Ortschaften Betfage und Betanien am Ölberg. Dort schickte Jesus zwei seiner Jünger fort mit dem Auftrag: „Geht in das Dorf da drüben! Gleich am Ortseingang werdet ihr einen jungen Esel angebunden finden, auf dem noch nie ein Mensch geritten ist. Bindet ihn los und bringt ihn her! Und wenn jemand fragt: ,Warum macht ihr das?', dann antwortet: ,Der Herr braucht ihn und wird ihn gleich wieder zurückschicken.'"

Die beiden gingen hin und fanden tatsächlich den jungen Esel draußen auf der Straße an einem Hoftor angebunden. Als sie ihn losmachten, sagten ein paar Leute, die dort standen: „Was tut ihr da? Warum bindet ihr den Esel los?" Da sagten sie, was Jesus ihnen aufgetragen hatte, und die Leute ließen sie machen.

Die beiden Jünger brachten den Esel zu Jesus und legten ihre Kleider über das Tier, und Jesus setzte sich darauf. Viele Menschen breiteten ihre Kleider als Teppich auf die Straße. Andere rissen Zweige von den Büschen auf den Feldern und legten sie auf den Weg.

Die Menschen, die Jesus vorausliefen und die ihm folgten, riefen immer wieder: „Gepriesen sei Gott! Heil dem, der in seinem Auftrag kommt! Heil der Herrschaft unseres Vaters David, die jetzt anbricht! Gepriesen sei Gott in der Höhe!"

So zog Jesus nach Jerusalem hinein und ging in den Tempel. Dort sah er sich alles an. Doch weil es schon spät geworden war, verließ er die Stadt wieder und ging nach Betanien, zusammen mit dem Kreis der Zwölf.

Es war ein langer Weg, seitdem Jesus seinen Jüngern zum ersten Mal eröffnet hatte, dass er vieles erleiden und vom Hohen Rat verworfen werden würde, dass er getötet und nach drei Tagen auferstehen würde. Das war bei Cäsarea Philippi gewesen, wo Petrus frank und frei Jesus bekannte: „Du bist Christus, der versprochene Retter!" (Markus 8,29).

Nun macht sich Jesus auf den Weg hinauf zum Ölberg. Dort liegen Betanien und Betfage, drei beziehungsweise einen Kilometer von Jerusalem entfernt. Von Betfage hat man einen grandiosen Blick auf die Hauptstadt.

Es ist viel los in den beiden Dörfern. Das Passafest steht kurz bevor, und die Reiseroute der zahllosen Pilger, die nach Jerusalem wollen, führt über die kleinen Ortschaften. Mitten drin ist Jesus mit seinen Jüngern. Der letzte Teil seiner Reise hat begonnen. Mit welchen Gefühlen mag er sich auf den geliehenen jungen Esel gesetzt haben, mit welchen Gedanken nach Jerusalem geritten sein? Er weiß ja, wie sein Weg weitergeht. Er kennt das Ziel seiner Reise, den Grund, weshalb er auf die Erde gekommen ist. Seine Begleiter nicht.

Dann reitet Jesus in Jerusalem ein.

Diejenige, die mit ihm gehen, jubeln ihm zu. Viele sehen in Jesus wohl einen Freiheitskämpfer. Der Zeitpunkt scheint ideal:

Das Passafest wird in Erinnerung an die Befreiung aus der Knechtschaft in Ägypten gefeiert. Wenn sie Jesus jetzt von der Besatzung der Römer befreit ... Immer mehr lassen sich von der Begeisterung mitreißen. Sie haben ja keine Ahnung, dass Jesus ganz anders ist, als sie ihn sich erhoffen und erträumen.

Bald schon werden ihre Träume wie eine Seifenblase zerplatzen. Enttäuschung wird sich breitmachen, Resignation – und bei manchen Hass.

Gemälde „Jesus zieht in Jerusalem ein" von Cornelia Patschorke

Wenn Gott ganz anders ist

Bei ihrem Anblick kamen mir die Tränen. Meine Freundin, die einst so emsige, tatkräftige Frau, saß im Rollstuhl.

Ein Unfall hatte mit einem Schlag alles verändert. Nun war sie von den Beinen abwärts gelähmt und auf die Hilfe ihrer Familie und fremder Menschen angewiesen. Sie, die alle Herausforderungen mit links gemeistert hatte, in deren Leben immer alles glattgegangen war, die vor Kraft nur so gestrotzt hatte! Nichts war mehr wie vorher.

Ich überreichte ihr einen Strauß gelbe Rosen, ihre Lieblingsblumen. Sie bedankte sich und lächelte mich an. Ihre älteste Tochter stellte die Blumen in eine Vase und brachte uns Kaffee. Dann ließ sie uns im Wohnzimmer allein.

„Ich heule mir hier die Augen aus, ich blöde Kuh", brachte ich mühsam über die Lippen.

„Ist schon in Ordnung! Danke, dass du den weiten Weg gekommen bist", antwortete sie.

Ich winkte ab. „Hast du noch Schmerzen?"

„Ja!", antwortete sie knapp. „Aber die anderen Schmerzen waren schlimmer."

Ich ahnte, wovon sie sprach. Seit jenem Abend, als ihr Mann mich anrief und von dem Unglück berichtete, bat ich Gott, ein Wunder an meiner Freundin zu tun. Dann hätte sie wieder gehen können, hätte wie vorher die Veranstaltungen der Gemeinde vorbereiten können, wofür sie ein Händchen hatte. Hätte wieder die Alte sein können. Hätte, hätte, hätte ...

„Ich habe dich oft beneidet. Du bist immer so stark gewesen." Ich zog ein Taschentuch aus meiner Jeans und schnäuzte mir die Nase.

„Weißt du", sagte sie, „mir ging es eigentlich immer gut. Dann kam dieser Autounfall. Ich flehte Gott an, mich wieder gesund zu machen. Aber er tat es nicht. Hatte er kein Mitleid? Warum half er mir nicht? Warum ließ er das alles zu? War Gott vielleicht ganz anders, als ich bisher angenommen hatte?" Meine Freundin atmete schwer. „Weißt du, es ist nicht leicht, an Gott festzuhalten, wenn er so ganz anders ist, als du ihn dir erhoffst", fuhr sie fort und setzte ihre Kaffeetasse ab.

„Aber du scheinst die Krise überwunden zu haben. Du wirkst irgendwie gefasst", warf ich ein.

„Na ja, überwunden, ich weiß nicht. Aber mir haben die Gespräche mit dem Seelsorger während der Reha geholfen. Er hörte mir geduldig zu, wenn ich ihm wieder und wieder erzählte, dass ich Gott nicht mehr verstand, dass ich mich offenbar in ihm getäuscht hatte, weil er kein liebender Gott war, wie ich bis-

her geglaubt hatte. Ich ließ alles raus, schonungslos und offen."

Wir schwiegen eine Zeitlang und hingen unseren Gedanken nach.

„Und das hat dir geholfen", sagte ich schließlich.

„Ja, denn als ich allen Zorn auf Gott, alle meine Enttäuschung, Verzweiflung und alles Unverständnis hinausgeschrien hatte, ging es mir besser. Andere Gedanken fingen an, mich zu beschäftigen: Könnte ich Gott noch vertrauen, auch wenn er so ganz anders war als das Bild, das ich mir von ihm gemacht hatte? Könnte ich glauben, dass er den Unfall zugelassen hat, weil er am besten weiß, was gut für mich ist? Könnte ich also sagen: ‚Ich verstehe dich nicht, aber ich vertraue dir!?'"

„Und wie ist deine Antwort?", fragte ich zögerlich.

Meine Freundin schmunzelte. „Ich bin dabei, es einzuüben."

Nachdenkenswert

Wie kommt es, dass die jubelnden und begeisterten Menschen in Jesus den Messias sehen, den Nachfolger auf dem Thron Davids, den lang ersehnten Retter?

● Jesus reitet in Jerusalem auf einem Esel ein und erfüllt damit die Aussage in Sacharaja 9,9: „Freu dich, du Zionsstadt! Jubelt laut, ihr Bewohner Jerusalems! Seht, euer König kommt zu euch! Er bringt Gerechtigkeit, Gott steht ihm zur Seite. Demütig ist er vor seinem Gott. Er reitet auf einem Esel, auf einem starken Eselshengst." Das weist auf den Einzug des lang ersehnten Retters hin. – Doch Jesus kommt nicht in kriegerischer Absicht auf einem Pferd, sondern in friedlicher Absicht auf einem Esel. Der ist bekannt als Tier des Friedens.

● Jesus reitet auf einem Esel, auf dem noch nie ein Mensch geritten ist. Das macht den besonderen, heiligen Zweck deutlich. – Doch Jesus erfüllt den „Zweck" nicht durch sein Leben, sondern seinen Tod.

● Jesus reitet über die Kleider, die die Menschen für ihn auf dem Boden ausbreiten. Das erinnert an die Einsetzung des Königs Jehu in Israel. – Doch Jesus lässt sich nicht als irdischen König inthronisieren, sondern wird sein Leben als Diener der Menschen lassen.

● Die Menge ruft Jesus „Hosianna" zu (so wörtlich in Markus 11,9). Das bedeutet hier „Hilf doch!" – „Rette doch!" – Doch Jesus will sie nicht von den Fesseln der Römer befreien, sondern von der Schuld, die sie von Gott trennt.

● Die Menschen schwenken zur Begrüßung von Jesus Palmzweige. Das ist in Israel aus geschichtlichem Anlass das Symbol für Unabhängigkeit und den siegreichen König. –
Doch das Reich, in dem Jesus regiert, ist etwas ganz Neues.

Solange die Menschen Jesus missverstehen, jubeln sie ihm zu. Solange sich ihr Bild von ihm mit dem deckt, was sie von ihm erwarten, laufen sie ihm begeistert nach. Solange sie denken, dass passieren wird, was sie wollen, sind sie für ihn.

Angeregt

Stellen Sie einen Ast in eine Vase und beobachten Sie, wie die Blüten oder Blätter in den nächsten Tagen zu sprießen beginnen. Dieses Geschehen in der Natur gibt einen kleinen Vorgeschmack auf Ostern.

Noch 10 Tage bis Ostern

STATION 2

Was zählt, ist nicht die Gabe selbst,
sondern die Liebe, mit der
du sie gibst.
Mutter Teresa

Jesus war in Betanien bei Simon, dem Aussätzigen, zu Gast. Während des Essens kam eine Frau herein. Sie hatte ein Fläschchen mit reinem, kostbarem Nardenöl. Das öffnete sie und goss Jesus das Öl über den Kopf.

Einige der Anwesenden waren empört darüber. „Was soll diese Verschwendung?", sagten sie zueinander. „Dieses Öl hätte man für mehr als dreihundert Silberstücke verkaufen und das Geld den Armen geben können!" Sie machten der Frau heftige Vorwürfe.

Aber Jesus sagte: „Lasst sie in Ruhe! Warum bringt ihr sie in Verlegenheit? Sie hat eine gute Tat an mir getan. Arme wird es immer bei euch geben und ihr könnt ihnen helfen, sooft ihr wollt. Aber mich habt ihr nicht mehr lange bei euch.

Sie hat getan, was sie jetzt noch tun konnte: Sie hat meinen Körper im Voraus für das Begräbnis gesalbt. Ich versichere euch: Überall in der Welt, wo in Zukunft die Gute Nachricht verkündet wird, wird auch berichtet werden, was sie getan hat. Ihr Andenken wird immer lebendig bleiben."

Im Rückblick wusste Maria auch nicht, was sie dazu veranlasst hatte. Sie musste es einfach tun. Es war wie ein innerer Drang. Sie hatte nicht großartig überlegt – und schon gar nicht gerechnet. Sie wollte Jesus ein ganz besonderes Geschenk machen. Und sie gab ihm das Teuerste, was sie besaß – bis zum letzten Tropfen. Aus Dankbarkeit, aus Verehrung, ein Stück weit auch Bewunderung. Ja, aber eigentlich hatte sie einfach ihr Herz sprechen lassen.

Jesus hatte ihr den Himmel auf die Erde gebracht durch das, was er über Gott lehrte. Er war durch und durch echt, weil er lebte, was er sagte. Er hatte sie überzeugt durch alles, was er tat, um Menschen zu helfen. Das hatte sie selbst erlebt, als ihr Bruder Lazarus starb und sie betäubt vom Schmerz war. Da machte Jesus ihn wieder lebendig. Es war immer dasselbe, wenn er zu Besuch kam: In seiner Gegenwart fühlte sie sich angenommen, geborgen, ermutigt – und geliebt. Nicht auf eine erotische Art, irgendwie anders, göttlich.

Also ging sie zu Simon, der früher aussätzig gewesen war. Als sie ins Haus trat, lagen Jesus und seine zwölf Jünger in dem einzigen Raum bereits auf der niedrigen Liege am Tisch. Bei den Mahlzeiten stützte man sich mit dem linken Ellbogen auf und aß mit der rechten Hand von den aufgetragenen Speisen. Sie zwängte sich am Nebenmann von Jesus vorbei und kniete sich hinter seinem Rücken nieder.

Wenn sie damals schon gewusst hätte, was einige Tage später passieren würde ... Wie unendlich froh war sie nun über diesen letzten Liebesbeweis, den sie Jesus geben konnte – auch wenn einige sie wegen vermeintlicher Verschwendung angriffen. Vielleicht hatte sie sogar tief in ihrem Innern geahnt, dass etwas Entsetzliches geschehen würde und hatte es deshalb getan. Ja, vielleicht.

Gedanken zum Bild

Beim Betrachten des Gemäldes von Michael Willfort fallen zuerst die gefalteten Hände in der Bildmitte auf. Sie gehören zu einer Frau, wie unschwer an den langen gewellten Haaren zu erkennen ist, die am unteren Rand rechts und links ins Bild fallen.

Sonst bleibt der Körper der Frau verborgen. Aber ihre Haltung ist eindeutig: Sie kniet oder liegt vor dem Mann, von dem nur der Saum seiner Tunika, die Unterschenkel und zwei Füße mit Sandalen zu sehen sind.

Michael Willfort hat sein Gemälde „Maria salbt Jesus" betitelt. Damit ist klar, worum es sich bei den beiden Teilfiguren handelt. Aber von einer Salbung ist nichts zu erkennen. Der Künstler gibt dagegen die innere Haltung Marias wieder:
Die gefalteten Hände drücken ihre Hingabe, ihre Ergebenheit aus.
Die Haare, die damals nur Prostituierte offen trugen, symbolisieren für ihn die Offenheit und die Bereitschaft Marias, Jesus in die Tiefe ihres Herzens, ihrer Gedanken und Beweggründe blicken zu lassen.

Was die Farbe angeht, sind die Teilfiguren gleich weiß. Ein Hinweis darauf, dass nicht nur Maria, sondern auch Jesus, obwohl Gott, auch ganz Mensch gewesen ist.

Gemälde „Maria salbt Jesus" von Michael Willfort

Ihr Geschenk für Gott

Es war 1976 in der Stadt Bend im US-Staat Oregon. Laurie Klein lebte mit ihrem Mann und ihrem Kleinkind außerhalb der Stadt in einer Wohnwagen-Siedlung direkt neben einer viel befahrenen Autobahn. Zwischen den Wohnwagen wucherten Salbeisträucher und Steppenläufer.

Der gemietete Wohnwagen, ein kleiner, silberner Kasten, sollte für ein Jahr ihr Zuhause sein. Laurie fühlte sich einsam. Ihre Nachbarn waren alles alte Leute. Die kleine Familie hatte kein Auto, keine Gemeinde, zu der sie gehörten, keine Freunde in der Nähe. Da ihr Ehemann Student war und Laurie selbst nicht arbeiten ging, mussten sie mit wenig Geld im Monat auskommen.

„Es war eine hoffnungslose und bedrückende Zeit", erklärt Laurie später. „Ich war 24 und an einem Tiefpunkt angelangt. Mir war die Armut meines Lebens sowohl geistlich als auch finanziell sehr bewusst. Eines Morgens las ich wie üblich meine Bibel und betete. Mein Kind schlief. Ich fühlte mich geistlich leer", erinnert sie sich. „Ich fragte Gott, ob er gern ein Lied von mir hören wollte, etwas, was ihm gefällt. Neben einem neuen Leben sehnte ich mich mehr als alles andere danach, meinen Vater im Himmel zu erfreuen. Selbst wenn ich blind oder stumm gewesen wäre, sollte Gott wenigstens an meinem Gesichtsausdruck, meinen Bewegungen und meiner Körpersprache meinen Lobpreis ablesen können.

Dann kamen ihr plötzlich diese Worte in den Sinn:
I love you, Lord, and I lift my voice
to worship you, oh my soul, rejoice!
Take joy, my king, in what you hear;
let me be a sweet, sweet sound in your ear.

Auf Deutsch:
Ich lieb dich, Herr, keiner ist wie du,
anbetend neigt sich mein Herz dir zu.
Mein König Gott, nimm dies Lied von mir!
Lass mich, Herr, ein Wohlklang sein vor dir!

Sie spielte einige Akkorde auf ihrer Gitarre dazu und merkte, wie dieses Geschenk alles veränderte: Ihr Gefühl der Einsamkeit, der Leere und Hoffnungslosigkeit verschwand.

Schon bald wurde das Lied ein Klassiker. Es hielt Einzug in Kirchen und Gemeinden, wurde in andere Sprachen übersetzt und auf vielen CDs veröffentlicht.

Nachdenkenswert

Echte Liebe rechnet nicht auf.
Echte Liebe rechnet nicht
nach.
Echte Liebe berechnet nicht.

Echte Liebe ist verschwende-
risch.
Echte Liebe ist unbekümmert.
Echte Liebe ist großzügig.
Echte Liebe verschenkt sich.

Angeregt

Was könnten Sie Jesus heute schenken, weil Sie ihn ehren und
an ihn glauben? Bedenken Sie: Das größte Geschenk, das Sie
ihm machen können, sind Sie selbst, indem Sie Ihr Leben an ihn
verschenken.

Noch 9 Tage bis Ostern

STATION 3

Das Abschiedsmahl Jesu eröffnet
uns Zukunft, mehr noch:
die Ewigkeit.
Joachim Meisner

Es kam der erste Tag der Festwoche, während der ungesäuertes Brot gegessen wird, der Tag, an dem die Passalämmer geschlachtet werden. Da fragten die Jünger Jesus: „Wo sollen wir für dich das Passamahl vorbereiten?"

Jesus schickte zwei von ihnen mit dem Auftrag weg: „Geht in die Stadt! Dort werdet ihr einen Mann treffen, der einen Wasserkrug trägt. Folgt ihm, bis er in ein Haus hineingeht, und sagt dem Hausherrn dort: ,Unser Lehrer lässt fragen: Welchen Raum kannst du mir zur Verfügung stellen, dass ich dort mit meinen Jüngern das Passamahl feiere?' Dann wird er euch ein großes Zimmer im Obergeschoss zeigen, das mit Polstern ausgestattet und schon zur Feier hergerichtet ist. Dort bereitet alles für uns vor."

Die beiden gingen in die Stadt. Sie fanden alles so, wie Jesus es ihnen gesagt hatte, und bereiteten das Passamahl vor.

Als es Abend geworden war, kam Jesus mit den Zwölf dorthin. Während der Mahlzeit sagte er: „Ich versichere euch: Einer von euch wird mich verraten – einer, der jetzt mit mir isst." Sie waren bestürzt, und einer nach dem andern fragte ihn: „Du meinst doch nicht mich?"

Jesus antwortete: „Einer von euch zwölf wird es tun; einer, der sein Brot mit mir in dieselbe Schüssel taucht. Der Menschensohn muss zwar sterben, wie es in den Heiligen Schriften angekündigt ist. Aber wehe dem Menschen, der den Menschensohn verrät! Er wäre besser nie geboren worden!"

Während der Mahlzeit nahm Jesus ein Brot, sprach das Segensgebet darüber, brach es in Stücke und gab es ihnen mit den Worten: „Nehmt, das ist mein Leib!"

Dann nahm er den Becher, sprach darüber das Dankgebet, gab ihnen auch den, und alle tranken daraus. Dabei sagte er zu ihnen: „Das ist mein Blut, das für alle Menschen vergossen wird. Mit ihm wird der Bund in Kraft gesetzt, den Gott jetzt mit den Menschen schließt.

Ich sage euch: Ich werde keinen Wein mehr trinken, bis ich ihn neu trinken werde an dem Tag, an dem Gott sein Werk vollendet hat!" Dann sangen sie die Dankpsalmen und gingen hinaus zum Ölberg.

Unterwegs sagte Jesus zu ihnen: „Ihr werdet alle an mir irrewerden, denn es heißt: ‚Ich werde den Hirten töten und die Schafe werden auseinander laufen.' Aber wenn ich vom Tod auferweckt worden bin, werde ich euch vorausgehen nach Galiläa."

Petrus widersprach ihm: „Selbst wenn alle andern an dir irrewerden – ich nicht!" Jesus antwortete: „Ich versichere dir: Heute, in dieser Nacht, bevor der Hahn zweimal kräht, wirst du mich dreimal verleugnen und behaupten, dass du mich nicht kennst."

Da sagte Petrus noch bestimmter: „Und wenn ich mit dir sterben müsste, ich werde dich ganz bestimmt nicht verleugnen!" Das Gleiche sagten auch alle andern.

Eigentlich sind die Jünger von Jesus viel gewohnt. Aber er schafft es immer wieder, sie zu überraschen. Wie jetzt mit dem freien Raum für das jährliche Passafest. Ein großes Wunder bei den Abertausenden von Pilgern, die sich in die Stadt drängen, weil jeder israelitische Mann im Umkreis von 30 Kilometern zu diesem Fest zum Tempel in Jerusalem gehen muss. Doch auch Juden aus weit größerer Entfernung nehmen daran teil.

Die Jünger wissen nicht, dass dies das letzte Mal ist, dass sie in dieser Runde zusammensitzen. Einer von ihnen wird Jesus verraten. Jesus weiß es, denn er kennt die Gedanken von Judas, auch die geheimsten. Aber Jesus bedrängt ihn nicht oder verhindert sein Vorhaben.

Die Jünger wissen nicht, dass dies das letzte Mal ist, dass sie in dieser Runde zusammen essen werden. Ein anderer von ihnen wird Jesus verleugnen. Jesus weiß es, denn er kennt die Schwächen von Petrus. Auch wenn Petrus heftig widerspricht, Jesus kennt ihn besser. Aber er verurteilt ihn nicht und schließt ihn auch nicht aus dem Kreis aus.

Die Jünger wissen nicht, dass dies das letzte Mal ist, dass sie zusammen das Passafest feiern. Jesus weiß es, denn er selbst wird das Passalamm sein. Deshalb erweitert Jesus den seit Jahrhunderten festgelegten Ablauf des Festes: Das zerteilte Brot wird nun ein Symbol für seinen getöteten Leib, der Wein für sein Blut.

Das Passafest

Das Passafest (hebräisch: Pessach) erinnert daran, wie mächtig und barmherzig Gott ist. Passa heißt vorübergehen, verschonen. Das Fest wird sieben Tage lang im März/April zur Erinnerung an den Auszug aus Ägypten gefeiert. Gott hatte angeordnet, dass alle israelitischen Familien am Abend vor dem Auszug ein ein Jahre altes, fehlerloses Ziegen- oder Schafböckchen opfern sollten. Mit dem Blut des Lammes sollten sie die Türrahmen bestreichen. Als der Todesengel in jener Nacht durch das Land ging, tötete er alle Erstgeburten der Ägypter. Aber die Familien der Israeliten verschonte er, weil sie auf das stellvertretende Opfer des Lammes vertrauten.

● Das müssen Petrus und Johannes für das Fest vorbereiten:
- ein einjähriges Lamm kaufen
- das Lamm im Tempelvorhof schlachten
- das Lamm braten, die Kräutersoßen zubereiten und den Wein besorgen

● So läuft das Fest ab:
- Bei Sonnenuntergang, gegen 18 Uhr, spricht Jesus als „Familienoberhaupt" ein Gebet. Dann reicht er einen Becher Wein, verdünnt mit Wasser, herum. Daraus trinkt jeder einen Schluck.
- Danach essen sie eine Vorspeise aus Kräutern und Bitterkräutern als Symbole für die Sklavenarbeit in Ägypten.
- Dann bricht Jesus das erste ungesäuerte Brot, spricht ein Dankgebet und reicht kleine Brocken davon herum.
- Daran schließt sich die Passa-Andacht an. Der jüngste Anwesende fragt: „Warum unterscheidet sich diese Nacht von allen anderen Nächten?" Daraufhin erzählt Jesus von der Errettung, dem Exodus aus der Sklaverei in Ägypten.
- Nun singen sie Psalm 113 und 114.

- Bevor sie das gebratene Lamm essen, trinken sie den zweiten Becher Wein.
- Nachdem sie als Nächstes den Rest der ungesäuerten Brote gegessen haben, trinken sie den dritten Becher Wein. Vielleicht weist Jesus an dieser Stelle auf seinen bevorstehenden Tod hin, als er das Brot bricht und den Wein herumreicht.

Die Jünger sind erstaunt, als Jesus vom üblichen Text abweicht. Doch sie erfassen den Sinn nicht, ahnen nicht das weltumspannende Ereignis, das sich anbahnt: Nur noch Stunden, dann wird Jesus den endgültigen Exodus heraus aus der Sklaverei der Sünde anführen – für alle, die sich ihm anvertrauen, für alle Zeiten.

- Zum Schluss singen sie wie gewohnt Psalm 115 bis 118 und trinken den vierten Becher Wein.

Inzwischen ist es Mitternacht. Jesus verlässt mit seinen Jüngern das Haus und geht zum Garten Getsemani.

Gemälde „Das Passamahl" von Michael Willfort

Nachdenkenswert

Eine der Legenden über die Entstehung des weltberühmt gewordenen Bildes „Das letzte Abendmahl" von Leonardo da Vinci (1452–1519) im Kloster von Santa Maria delle Grazie in Mailand ist so überliefert worden:

Als er das Bild malte, erschien ihm in jeder Nacht ein Engel und zeigte ihm das Gesicht eines der Jünger von Jesus. In einer Nacht ging es um Judas Iskariot. Leonardo hatte eigentlich dem Verräter von Jesus das Gesicht eines Mannes geben wollen, von dem er glaubte, er sei sein Todfeind. Doch der Engel ließ das nicht zu. Er sagte zu dem Künstler: „Wenn du das tust, sieht jeder gleich auf Judas. Aber du willst doch sicher, dass das Auge des Betrachters zuerst auf Jesus fällt. Judas muss ein ganz gewöhnliches Gesicht bekommen, damit sich jeder in ihm sehen kann."
Quelle unbekannt

Angeregt

Jesus hat aus dem Passamahl das Abendmahl gemacht.

● Es macht mir bewusst, wie sehr ich Jesus brauche.
Das Brot: Ich nehme sein Opfer am Kreuz an und mache es mir wie das Brot zu eigen.
Das Blut: Ich erinnere mich an den Neuen Bund, den Jesus durch sein Blut geschlossen hat, und der mich mit Gott versöhnt.

● Das Abendmahl macht mir bewusst, wie sehr Jesus mich liebt und wie sehr ich seine Liebe brauche.

Was bedeutet Ihnen das Abendmahl? Vergegenwärtigen Sie es sich, wenn Sie das nächste Mal daran teilnehmen.

Noch 8 Tage bis Ostern

STATION 4

Beten heißt, sich aus der Angst
der Welt aufmachen und zum
Vater gehen.
Friedrich von Bodelschwingh

Sie kamen zu einem Grundstück, das Getsemani hieß. Jesus sagte zu seinen Jüngern: „Bleibt hier sitzen, während ich beten gehe!"

Petrus, Jakobus und Johannes nahm er mit. Angst und Schrecken befielen ihn, und er sagte zu ihnen: „Ich bin so bedrückt, ich bin mit meiner Kraft am Ende. Bleibt hier und wacht!"

Dann ging er noch ein paar Schritte weiter und warf sich auf die Erde. Er betete zu Gott, dass er ihm, wenn es möglich wäre, diese schwere Stunde erspare. „Abba, Vater", sagte er, „alles ist dir möglich! Erspare es mir, diesen Kelch trinken zu müssen! Aber es soll geschehen, was du willst, nicht was ich will."

Dann kehrte er zu den Jüngern zurück und sah, dass sie eingeschlafen waren. Da sagte er zu Petrus: „Simon, du schläfst? Konntest du nicht eine einzige Stunde wach bleiben?"

Dann sagte er zu ihnen allen: „Bleibt wach und betet, damit ihr in der kommenden Prüfung nicht versagt. Der Geist in euch ist willig, aber eure menschliche Natur ist schwach."

Noch einmal ging Jesus weg und betete mit den gleichen Worten wie vorher. Als er zurückkam, schliefen sie wieder. Die Augen waren ihnen zugefallen, und sie wussten nicht, was sie ihm antworten sollten.

Als Jesus das dritte Mal zurückkam, sagte er zu ihnen: „Schlaft ihr denn immer noch und ruht euch aus? Genug jetzt, die Stunde ist da! Jetzt wird der Menschensohn an die Menschen, die Sünder, ausgeliefert. Steht auf, wir wollen gehen; er ist schon da, der mich verrät."

Mitternacht in Jerusalem. Jesus macht sich mit den elf Jüngern – Judas hatte das Fest schon vorzeitig verlassen – auf den Weg durchs Kidrontal hinauf zum Ölberg. Dort liegt der Garten Getsemani, in dem sie sich schon öfter aufgehalten haben. Die Sterne funkeln am schwarzblauen Himmel. Tiefe Stille senkt sich über das mit Olivenbäumen bestandene Anwesen.

Alle überfällt Müdigkeit. Nur einen nicht: Jesus. Im Gegenteil! Eigenartig. So kennen seine engsten Vertrauten ihn gar nicht. Den Retter, der zittert. Den Erlöser, den das Entsetzen überwältigt. Den Messias, der verzweifelt ist. Den Sohn Gottes, der Angst schwitzt. Bisher ist Jesus stark gewesen, überlegen, unerschütterlich – in jeder Situation. Und jetzt?

Nicht mal sie begreifen, was die Stunde geschlagen hat. Jesus schon. Er bekommt ein Gespür von dem, was ihn am Kreuz erwartet. Er muss tragen, was kein anderer kann: alle Trauer, alle Angst, allen Schmerz, alle Schuld aller Menschen. Aber das Schlimmste: Er muss den geballten Hass der Menschen auf ihn – und damit auf Gott selbst – aushalten und folglich die unausweichliche Trennung und totale Verlassenheit von Gott. Auch diesen Tiefpunkt menschlicher Schuld muss er sühnen.

Nicht mal sie ahnen, was in Kürze geschehen wird. Jesus schon. Er muss den Kelch trinken, ein Bild für den Zorn Gottes über die Verdorbenheit der Menschen. Und das bedeutet Leiden, Tod und Gericht Gottes: Als Sündloser wird Jesus stellvertretend zur Sünde der Welt gemacht. Als Sündloser wird er den Tod als Strafe für die Sünde auf sich nehmen.

Nicht mal sie können ansatzweise verstehen, wie entscheidend diese Stunden sind. Jesus schon. Das Heil der Menschen, die er so liebt, steht auf dem Spiel, wenn er sich nicht zu einem Ja durchringen kann: Ja, ich nehme das Kreuz auf mich. Ja, Vater, ich bin bereit, dir gehorsam zu sein. Ja, lieber Vater, ich nehme den Tod auf mich, weil du das von mir verlangst.

Diesen schrecklichen Kampf muss Jesus allein kämpfen. Als er nach etwa zwei Stunden schließlich ausgestanden ist, ist er wieder der Alte. Mit festen Schritten geht er dem Kreuz entgegen – ruhig und gelassen, königlich sicher.

Gemälde „Flehen" von Michael Willfort

Gedanken zum Bild

Jesus begegnet dem Leiden nicht in stoischer Gelassenheit. Auch nicht in göttlicher Überlegenheit. Als Mensch leidet er Seelenqualen. Der Schreiber des Hebräerbriefs hat das so ausgedrückt: „Als er noch auf der Erde lebte, hat Jesus sich im Gebet mit Bitten und Flehen an Gott gewandt, der ihn vom Tod retten konnte; mit lautem Rufen und unter Tränen hat er seine Not vor ihn gebracht" (Hebräer 5,7).

Michael Willfort hat die auf dem Gemälde in den Himmel gereckte Hand „Flehen" genannt. Jesus weiß schon lange, was auf ihn zukommen wird. Er hat es mehrmals vorausgesagt. Aber etwas vorher zu wissen, ist etwas ganz anderes, als es dann am eigenen Leib zu erfahren. Auch für Jesus.

Alleingelassen von seinen engsten Freunden wendet er sich an den, der immer da ist: Gott. Er bittet nicht um Kraft, dieses schwere Leid durchzustehen. Er fleht Gott, dem nichts unmöglich ist, an, den grässlichen Tod zu verhindern. In dieser folgenschweren Nacht geht es nur um die beiden: den, der auf der Erde ist, und den, der im Himmel ist, zu dem er seine Hand hochreckt. Doch von dem ist nichts zu sehen, nur ein unendliches Blau und Weiß. Der Vater scheint weit weg zu sein, tatenlos zuzusehen, wie seinen Sohn das entsetzliche Grauen vor dem bevorstehenden Sterben übermannt. Gäbe es nur einen einzigen anderen Weg, die Menschen zu retten, Gott würde alles in Bewegung setzen, um seinem Sohn diese Qualen zu ersparen. – Aber es gibt keinen.

Die ausgestreckte Hand ist die Hand eines jungen Mannes, der noch die besten Jahre vor sich hat. Jesus ist 33 Jahre alt.

Nachdenkenswert

Auch du hast an deinem
Leben gehangen.
Auch dich hat der nahende
Tod erschreckt.
Auch du hast die lähmende
Angst gekostet.
Auch dich hat der Gedanke
an die quälenden Schmerzen
entsetzt.
Auch du warst elend und
schwach.
Auch du musstest diesen
letzten Weg allein gehen.
Jesus, darin kommst du mir
nah.

Auch ich hänge an meinem
Leben.
Auch mich erschreckt der
unausweichliche Tod.
Auch ich kenne Zeiten der
lähmenden Angst.
Auch mich entsetzt der Gedanke an quälende Schmer-
zen.
Auch ich bin manchmal elend
und schwach.
Auch ich werde meinen letzten Weg allein gehen müssen.
Aber ich weiß: Jesus, du ver-
stehst mich und bist gerade
dann da.

Angeregt

Kein Mensch wird jemals die Qualen ausstehen müssen, die
Jesus im Garten Getsemani ausgestanden hat, denn: kein
Mensch wird jemals den Kampf bestehen müssen, den Jesus
ausgefochten hat. Bei keinem Menschen steht das Geschick
der ganzen Menschheit auf dem Spiel wie bei Jesus im Garten
Getsemani. Nehmen Sie sich Zeit, ihm dafür zu danken, was
das für Sie persönlich bedeutet.

Noch 7 Tage bis Ostern

STATION 5

In Judas erblicken wir uns mehr,
als uns lieb ist. Vielleicht ist
gerade das der Grund, warum wir
ihm so distanziert begegnen.
Verfasser unbekannt

N och während Jesus das sagte, kam Judas, einer der Zwölf, mit einem Trupp von Männern, die mit Schwertern und Knüppeln bewaffnet waren. Sie waren von den führenden Priestern, den Gesetzeslehrern und den Ratsältesten geschickt worden.

Der Verräter hatte mit ihnen ein Erkennungszeichen ausgemacht: „Wem ich einen Begrüßungskuss gebe, der ist es. Den nehmt fest und führt ihn unter Bewachung ab!"

Judas ging sogleich auf Jesus zu, begrüßte ihn mit „Rabbi!" und küsste ihn so, dass alle es sehen konnten. Da packten sie Jesus und nahmen ihn fest. Aber einer von denen, die dabeistanden, zog sein Schwert, hieb auf den Bevollmächtigten des Obersten Priesters ein und schlug ihm ein Ohr ab.

Jesus sagte zu den Männern: „Warum rückt ihr hier mit Schwertern und Knüppeln an, um mich gefangen zu nehmen? Bin ich denn ein Verbrecher? Täglich war ich bei euch im Tempel und lehrte die Menschen, da habt ihr mich nicht festgenommen. Aber was in den Heiligen Schriften angekündigt wurde, muss in Erfüllung gehen."

Da verließen ihn alle seine Jünger und flohen.

In dieser Nacht begibt sich Jesus freiwillig in die Hände der Menschen.

● Judas Iskariot, der Mann, der drei Jahre lang mit Jesus kreuz und quer durchs Land gezogen war, verrät seinen einstigen Herrn mit einem Kuss, einer sonst vertraulichen Geste, die Verehrung, Verbundenheit und tiefe Zuneigung ausdrückt. Welche Heuchelei, denn Judas hat sich in seinem Innern schon weit von Jesus entfernt.

● Judas Iskariot, der Freund, der zum engsten Kreis um Jesus gehört, die zahllosen Wunder von Jesus miterlebt und dessen Predigten gehört hatte, liefert seinen Meister an die Feinde aus. Bei Nacht und Nebel, damit nur ja kein Aufsehen oder gar Aufruhr entstehen kann, denn die unkontrollierbaren Pilgermassen sind leicht erregbar und gefährlich. Eine Vorsichtsmaßnahme, die die Furcht der Staatsmacht bloßlegt.

● Judas Iskariot, der Apostel, durch den Menschen heil und frei geworden waren, weil Gottes Kraft durch ihn wirkte, verschachert Jesus für 30 Silberstücke. Welch moralischer Absturz ins Bodenlose!

In dieser Nacht ist Jesus den Menschen ausgeliefert. Aber das geschieht nur, damit die tun, was Gott schon längst so geplant hat: Jesus muss sterben, um die Menschen zu retten. In diesem unfassbaren Geschehen erfüllt sich Gottes Plan.

In dieser Nacht fliehen die Jünger, um die eigene Haut zu retten. Alles, was bisher an Vertrauen in Jesus gewachsen ist, alle Treue bisher, alle Versprechen bisher – alles ist wie weggeblasen. Jetzt, wo ihre Standhaftigkeit zum ersten Mal auf die Probe gestellt wird, lassen sie Jesus im Stich. Nur noch der Verräter ist von seinen ehemaligen zwölf Jüngern da. Wie für Jesus gibt es für Judas nun kein Zurück mehr, aber mit welchem Ende für den einstigen Jünger!

Gedanken zum Bild

Gerade noch hat Jesus gebetet, gerungen und seinen Willen schließlich ganz und gar seinem himmlischen Vater untergeordnet. Er hat sich ihm, dem einzigen, ewigen Gott des Himmels und der Erde, im vollsten Vertrauen hingegeben, sich ausgeliefert. Jesus ist eins mit ihm, vertraut ihm bedingungslos.

Was macht es da, dass sie nun kommen, die Menschen der Nacht, mit Fackeln, die doch nur spärlich das Dunkel um sie herum aufzuhellen vermögen. Ihr Licht dringt nicht in die Welt um sie – und schon gar nicht in sie selbst hinein. Ihre Persönlichkeiten sind verhüllt und verdunkelt, weil dunkel ist, wozu sie unterwegs sind. In der Nacht kommen sie zu Jesus, wie bluthungrige Wölfe, die das Lamm reißen, wie Einbrecher, die maskiert die Dunkelheit für ihre dunkle Tat wählen.

Jesus fürchtet sie nicht. Er sagt „Ich bin es, den ihr sucht!" (Johannes 18,5). Er flieht nicht, weil in ihm das Licht der Ewigkeit leuchtet, auch in dieser dunklen Nacht. Er trägt ein Leben in sich, das sie ihm nicht zu nehmen vermögen.

So schaut er sie an, diese gesichtslosen Schergen der Nacht, und sagt: „Ich bin es, den ihr sucht!"
Christine Hartmann

Gemälde „Jesus wird gefangen genommen" von Christine Hartmann

Hallo Judas,

ich habe so viele Fragen an dich, dass ich mich entschlossen habe, dir einen Brief zu schreiben, auch wenn du ihn nie lesen wirst. Schon mal vorneweg: Ich hoffe, du nimmst es mir nicht krumm, dass ich ganz offen und ehrlich bin.

Die Frage, die mich am meisten umtreibt: Hättest du anders handeln können? Ja, ich weiß, es war Gottes Plan, dass du Jesus verrätst. Das würde bedeuten, dass du gar keine andere Wahl hattest und verlorengehen *musstest*. Stimmt das so?

Aber du warst auch kein unbeschriebenes Blatt. Sorry, wenn ich das so ungeschönt schreibe. In den Evangelien wirst du als ein Teufel beschrieben, ein Dieb und ein Verräter. Hast du Jesus also aus Geldgier verraten? Obwohl, du hast dabei ja nicht viel verdient, weil 30 Silberstücke lediglich der Preis für einen billigen Sklaven gewesen sind. Oder hast du mit deinem Verrat Jesus zwingen wollen, jetzt endlich sein Reich auf Erden aufzurichten und seine Macht zu demonstrieren, jetzt endlich das zu tun, was du dir von ihm erhofft hast?

Hat deshalb der Satan die Chance gehabt, von dir Besitz zu ergreifen? Warum hast du dich eigentlich nicht dagegen gewehrt? Ja, ich weiß auch, es war Gottes Plan, dass Jesus sterben musste. Aber war damit deine Verantwortung aufgehoben? Gab es ein göttliches Muss? Oder hast du dich aus freiem Willen zu deiner Tat entschieden?

Jesus hat in seiner Allwissenheit gewusst, was du tun würdest. Aber warst du wirklich von Anfang an verdammt zu scheitern? Wenn ich die Evangelien lese, kommt es mir so vor, als wollte dir Jesus in letzter Minute die Möglichkeit geben umzukehren.

Beim Passamahl sagte er: „Einer von euch wird mich verraten." Dann tauchte er den Bissen in die Schüssel und gab ihn dir. Jetzt warst du entlarvt und hättest deine Entscheidung rückgängig machen können. Es war noch nicht zu spät. Und bei der Verhaftung im Garten Getsemani sagte Jesus: „Freund, komm zur Sache!" Spätestens jetzt hättest du zur Besinnung kommen können, denn du warst für Jesus noch immer sein Freund.

Doch es kam anders. Was wäre gewesen, wenn du dich nicht umgebracht und die Auferstehung von Jesus miterlebt hättest? Was, wenn du zu Jesus gekommen wärst und deine Schuld bereut hättest? Ich bin sicher, Jesus hätte dir – wie Petrus – vergeben.

Du merkst, ich habe viele Fragen. Ich habe das dumme Gefühl, die kann mir wohl erst Gott befriedigend beantworten, wenn ich einmal bei ihm sein werde.

Es grüßt dich

Monika

Nachdenkenswert

Im Garten Getsemani droht eine gewaltsame Auseinandersetzung. Die weltliche Macht trifft auf die göttliche, das weltliche Reich auf das göttliche. Das jedoch wird nicht mit Gewalt gebaut, sondern nach göttlichen Prinzipien. Jesus bleibt ihnen auch in der äußerst angespannten Atmosphäre dieser Nacht treu:

● Er liebt seine Gegner, die ihm feindselig gegenüberstehen, denn er kann keinen Menschen hassen.

● Er vergilt Böses mit Gutem und heilt das Ohr des Mannes, den Petrus verletzt hat, als der Jesus verteidigen will.

● Er nimmt es hin, verraten zu werden, ohne Judas wegen dieses schweren Vertrauensbruchs aus tiefer Verletzung heraus anzugreifen.

Angeregt

Wenn Sie von Freunden im Stich gelassen oder gar verraten worden sind, denken Sie daran, dass Jesus weiß, was in Ihnen vorgeht. Benennen Sie ihm Ihre verletzten Gefühle. Er ist der Gott, der jede Wunde heilen kann.

Noch 6 Tage bis Ostern

STATION 6

Jesus kann nicht unser Retter und
Heiland sein, wenn er nur Bruder,
Sohn unter Söhnen, ein guter
Mensch oder ein Sozialreformer
war, sondern nur dadurch, dass er
wirklich der Sohn des lebendigen
Gottes ist.
Werner Gitt

Sie brachten Jesus zum Obersten Priester. Dort versammelten sich alle führenden Priester und alle Ratsältesten und Gesetzeslehrer. Petrus folgte Jesus in weitem Abstand und kam bis in den Innenhof des Palastes. Dort saß er bei den Dienern und wärmte sich am Feuer.

Die führenden Priester und der ganze Rat versuchten, Jesus durch Zeugenaussagen zu belasten, damit sie ihn zum Tod verurteilen könnten; aber es gelang ihnen nicht. Es sagten zwar viele falsche Zeugen gegen Jesus aus, aber ihre Aussagen stimmten nicht überein.

Dann traten einige auf und behaupteten: „Wir haben ihn sagen hören: ‚Ich werde diesen Tempel, der von Menschen erbaut wurde, niederreißen und werde in drei Tagen einen anderen bauen, der nicht von Menschen gemacht ist.'" Aber auch ihre Aussagen widersprachen einander.

Da stand der Oberste Priester auf, trat in die Mitte und fragte Jesus: „Hast du nichts zu sagen zu dem, was diese beiden gegen dich vorbringen?"

Aber Jesus schwieg und sagte kein Wort. Darauf fragte der Oberste Priester ihn: „Bist du Christus, der versprochene Retter, der Sohn Gottes?"

„Ich bin es", sagte Jesus, „und ihr werdet den Menschensohn sehen, wie er an der rechten Seite des Allmächtigen sitzt und mit den Wolken des Himmels kommt!"

Da zerriss der Oberste Priester sein Gewand und sagte: „Was brauchen wir noch Zeugen? Ihr habt es selbst gehört, wie er Gott beleidigt hat. Wie lautet euer Urteil?" Einstimmig erklärten sie, er habe den Tod verdient.

Einige begannen, Jesus anzuspucken. Sie warfen ihm ein Tuch über den Kopf, sodass er nichts sehen konnte; dann schlugen sie ihn mit Fäusten und sagten: „Wer war es? Du bist doch ein Prophet!" Dann nahmen ihn die Gerichtspolizisten vor und gaben ihm Ohrfeigen.

Schnell wird eine nächtliche Sitzung anberaumt, die müden Ratsmitglieder werden aus ihren Betten geholt. Es herrscht höchste Dringlichkeitsstufe.

Endlich haben sie Jesus gefasst. Endlich können sie mit dem abrechnen, der ihr ganzes religiöses System durcheinandergebracht, den heiligen Tempel angegriffen, mehrmals ihre Autorität untergraben und sogar ihren Glauben kritisiert hat.

Kalte Blicke richten sich auf Jesus, die geballte Macht der obersten Behörde des Judentums. Ihr einziges Ziel: Sie wollen einen Grund finden, um Jesus zu verurteilen. Dazu müssen sie *die* alles entscheidende Frage stellen: Bist du der Christus, der im Auftrag Gottes gesalbte König Israels, der versprochene Retter? Die Ratsmitglieder halten die Luft an. Wird Jesus endlich den Mund aufmachen?

„Ja, ich bin der Menschensohn." Endlich ist es raus. Die Ratsmitglieder atmen auf. Jetzt haben sie ihn. Jetzt können sie ihn der Gotteslästerung anklagen. Denn wie kann Jesus es wagen, zwei messianisch verstandene Stellen im Alten Testament auf sich zu beziehen: den Titel „Menschensohn" (Daniel 7,13-14) und das „Sitzen zur rechten Seite des Allmächtigen" (Psalm 110,1)! Damit behauptet er, der künftige Herrscher über die ganze Welt zu sein.

● Was das Ungeheuerliche daran ist? Jesus beansprucht, dem Wesen und den Eigenschaften nach der Sohn Gottes und damit selbst Gott zu sein.
● Was das Unerhörte daran ist? Jesus will Gottes Ehre teilen und damit die Majestät Gottes einschränken.

Auf Gotteslästerung steht die Todesstrafe. Endlich haben sie die Rechtfertigung für das längst feststehende Todesurteil.

● Was sie nicht glauben wollen: Jesus *ist* der Christus, der versprochene Retter, der Sohn Gottes.
● Was sie nicht ahnen können: Jesus wird drei Tage nach seinem Tod auferstehen. Denn mit dem Tempel, von dem er sprach, meinte er seinen Körper.

Gedanken zum Bild

Auf diesem Bild sind links drei Personen zu sehen; Menschen ohne Gesichter und persönliche Merkmale. Es sind Mitglieder des sogenannten Hohen Rates, vor den Jesus gestellt wurde. Diese Männer sind eine Art schattige Masse der Machtgewalt. Ihre Gedanken sind düster, ihre Füße haben den sicheren Boden echten Gottvertrauens längst verloren. Stattdessen wächst in dem Bild unten links schon symbolisch das Dornengestrüpp des Hasses, das sie Jesus kurz danach auf sein Haupt pressen werden.

Im Zentrum des Geschehens stehen zwei Fragen: „Bist du Christus?" Und: „Bist du der Sohn Gottes?"

Und Jesus, was tut er? Er steht da, fest und sicher. Er fürchtet auch den Hohen Rat mit seinen Fragen nicht, weil er ihm durch die Römer als Vollstrecker des Todesurteils zwar sein irdisches Leben, aber nicht seine Ewigkeit, seine ewige Macht und Herrlichkeit wird nehmen können.

So schallt die Antwort von Jesus auf diese Fragen in den Raum und hallt bis heute von dort hinaus in die Welt: „Ich bin es!"

Das ewige Licht, das von Jesus und seinen Worten ausgeht, dringt nicht in die Köpfe und Herzen der verstockten Anwesenden. So bleiben sie jene Schattenfiguren, die mit der Zeit im Weltenlauf verblassen. Doch der, den sie vernichten wollen, bleibt in alle Ewigkeit – Jesus und sein Zeugnis: „Ich bin Christus, der Sohn Gottes!"
Christine Hartmann

Gemälde „Jesus vor dem Hohen Rat" von Christine Hartmann

Eine erstaunliche Begegnung

Mareike gönnt sich nach einem anstrengenden Tag eine kurze Pause in einem Café. Kaum hat sie Platz genommen, traut sie ihren Augen nicht: Am Nachbartisch sitzt Fiona, eine ehemalige Klassenkameradin. Viele Szenen aus dem Schulalltag tauchen plötzlich vor ihrem inneren Auge auf und wecken alte ungute Gefühle. Fiona mobbte sie oft und machte ihr das Leben in der Klasse zur Hölle. Sie scharte häufig Mädchen um sich und erzählte Lügengeschichten über sie.

Meistens schwieg Mareike dazu, denn sie wusste: Wenn ich mich dagegen auflehne, verschlimmere ich die Situation nur noch. So lernte sie, innerlich souverän zu bleiben. Häufig überstand sie den Schultag nur, wenn sie morgens für ihre Klassenkameradinnen und vor allem für Fiona betete. So konnte sie trotz vieler Ungerechtigkeiten gewöhnlich ruhig und gelassen bleiben.

Trotzdem, die Erinnerung daran schmerzt. Und jetzt erst recht, wo sie Fiona wieder sieht. Auf Begegnung hat sie keine große Lust. Doch zu spät: Fiona hat sie bemerkt, macht große Augen, wird rot und lächelt sie schüchtern an.

„Mareike, du hier?", sagt sie erstaunt. „Darf ich mich zu dir setzen?" Nach kurzem Small Talk wirkt Fiona bedrückt. „Mareike, in den letzten Jahren habe ich oft an dich gedacht. Ich habe immer gehofft, ich könnte dich mal wiedersehen. Denn mein Verhalten in der Klasse dir gegenüber hat mich im Nachhinein häufig bedrückt. Es war nicht richtig, wie ich mit dir umgegangen bin. Es tut mir leid. Eigentlich habe ich dich immer beneidet. Du warst im Gegensatz zu mir nicht reich, aber glücklich. Du hattest Eltern, die dich geliebt haben und die sich auch gegenseitig liebten. Bei mir war das anders. Meine Eltern hatten sich scheiden lassen. Ich habe dich so beneidet um deine heile Familie. Aber das konnte ich ja nicht zugeben. Also habe ich versucht, dich schlecht zu machen und herabzuwürdigen. So war mein eigenes Leid manchmal etwas erträglicher. Aber es war nicht richtig, was ich getan habe".

Mareike staunt. Sie versteht. Viele Erlebnisse aus der Schule werden wieder lebendig. Sie sieht sie unter einem neuen Blickwinkel. „Kannst du mir verzeihen?", fragt Fiona. Mareike nickt. Noch lange sitzen die beiden jungen Frauen beisammen und sprechen miteinander.
Cornelia Mack

Nachdenkenswert

Alles ist verkehrt herum:

- Der Richter der Welt sitzt auf der Anklagebank.

- Der Richter der Welt wehrt sich nicht gegen die falschen Anschuldigungen.

- Der Richter der Welt lässt sich von der Welt richten.

- Der Richter der Welt nimmt sein Todesurteil entgegen.

- Der Richter der Welt tat das auch für Sie.

Angeregt

Beten Sie Jesus an mit den Titeln, die Sie von ihm kennen. Zum Beispiel: Brot des Lebens, Lamm Gottes, Richter, Menschensohn, Retter, Heiland, Sohn Gottes, der Erste und der Letzte, Erlöser.

Noch 5 Tage bis Ostern

STATION 7

Sich selbst durchschauen
und sich nicht verachten,
das gelingt nur unter
dem unbegreiflichen Ja Gottes.
Friedrich Samuel Rothenberger

Petrus war noch immer unten im Hof. Eine Dienerin des Obersten Priesters kam vorbei. Als sie Petrus am Feuer bemerkte, sah sie ihn genauer an und meinte: „Du warst doch auch mit dem Jesus aus Nazaret zusammen!"

Petrus stritt es ab: „Ich habe keine Ahnung; ich weiß überhaupt nicht, wovon du redest!" Dann ging er hinaus in die Vorhalle. In dem Augenblick krähte ein Hahn.

Die Dienerin entdeckte Petrus dort wieder und sagte zu den Umstehenden: „Der gehört auch zu ihnen!" Aber er stritt es wieder ab.

Kurz darauf fingen die Umstehenden noch einmal an: „Natürlich gehörst du zu denen, du bist doch auch aus Galiläa!"

Aber Petrus schwor: „Gott soll mich strafen, wenn ich lüge! Ich kenne den Mann nicht, von dem ihr redet."

In diesem Augenblick krähte der Hahn zum zweiten Mal, und Petrus erinnerte sich daran, dass Jesus zu ihm gesagt hatte: „Bevor der Hahn zweimal kräht, wirst du mich dreimal verleugnen und behaupten, dass du mich nicht kennst."

Da fing er an zu weinen.

Es dämmert an diesem Morgen, als der Hahn zum zweiten Mal kräht. Petrus erstarrt. Dann rennt er weg: weg von den Soldaten, weg von der Dienerin, weg von dem Feuer und vor allem weg von Jesus.

Was hat er nur getan! Wie ist das nur möglich gewesen, dass ihm die Lügen so leicht und schnell über die Lippen gekommen sind? Es ist erst Stunden her, da hat er behauptet, immer zu Jesus zu stehen, für ihn sogar sein Leben zu lassen. Seit drei Jahren zieht er mit ihm kreuz und quer durchs Land, weil er von Jesus vollkommen überzeugt ist. Was heißt überzeugt: Er glaubt zutiefst, dass er der Messias, der Retter Israels ist. – Und jetzt das!

Er wollte dabei sein und wissen, was mit Jesus geschah. Deshalb war er ihm in einigem Abstand gefolgt. Er wollte Jesus nicht allein lassen. – Und jetzt hat er ihn verraten. Weil er Angst bekam, immer mehr, je öfter sie fragten und je länger er verneinte. Je öfter sie ihm forschend in die Augen blickten, je weniger sie seinen Lügen glaubten. Und weil er feige gewesen war, so feige.

Welchen zusätzlichen Schmerz hat er Jesus dadurch zugefügt, welchen Treuebruch begangen!

Schuldgefühle überwältigen Petrus. Er kann nicht mehr. Tränen stürzen aus seinen Augen, während er durch die Gassen der Stadt stolpert. Diese Nacht hat ihm sein wahres Ich gezeigt:
seine Selbstsicherheit,
seine Selbstüberschätzung,
seinen Hochmut.
Wie er sich schämt. Wie enttäuscht er von sich ist. Wie traurig über sich selbst. Wie er bereut, was er getan hat.

Was wird jetzt aus ihm? Das kann er doch nicht wiedergutma-
chen. Wann immer ein Hahn kräht, wird er daran denken – sein
ganzes Leben lang.

Das Angebot

Jochen lief beschwingt über den Flur im siebten Stock seiner Firma zurück in sein Büro. Gerade hatte ihm sein Chef einen Dienstwagen angeboten. Er muss nur noch schriftlich bestätigen, dass er damit mindestens 20.000 Kilometer im Jahr für die Firma zurücklegt.

Jochen konnte es kaum glauben: Er würde einen Dienstwagen bekommen. Dann könnte er seinen Wagen verkaufen und den Zweitwagen seiner Frau für private Zwecke nutzen. Mit diesem zusätzlichen Geld würde er eine neue Waschmaschine für seine Frau kaufen und für sich ein neues iPad. Außerdem könnte endlich auch die lang ersehnte Reise nach Südamerika wahr werden.

Gleich heute Abend würde er Simone die gute Nachricht eröffnen. Sie wollten essen gehen als Entschädigung dafür, dass Jochen die letzten Wochen viel auswärts zu tun hatte. Ein perfekter Rahmen für solch eine Neuigkeit.

„Was ist Ihnen denn passiert? Sie gucken so, so ... fröhlich", fragte seine Assistentin, als er an ihrem Schreibtisch vorüberging.

„Mir ist ein Dienstwagen angeboten worden", erklärte Jochen seine gute Laune.

„Und Sie unterschreiben?", hakte sie nach.

Jochens gehobene Stimmung sank schlagartig. Wortlos ging er in sein Büro und schloss die Tür. Dort ließ er sich in seinen Stuhl fallen. Jochen war klar, warum ihm seine Assistentin diese Frage gestellt hatte: Es war ein offenes Geheimnis in der Firma, dass keiner 20.000 Kilometer für dienstliche

Zwecke zurücklegte. Aber alle unterschrieben. Nur – Jochen war Christ. Das wusste seine Assistentin.

Plötzlich ärgerte er sich über ihre Bemerkung. Was bildete die sich ein, ihm ein schlechtes Gewissen zu machen!

„Schatz, brauchst du noch lange im Bad? Wir müssen los. Du hast den Tisch doch für 19 Uhr reserviert", rief Simone durch die Tür. Minutenlang schon stand Jochen unschlüssig vor dem Spiegel. Wenn er unterschrieb, hätte er das Geld für die neuen Anschaffungen und die Reise. Wenn er unterschrieb, würde er die Firma betrügen. Wenn er nicht unterschrieb, müsste er weiterhin mit seinem Privatfahrzeug fahren. Wenn er nicht unterschrieb, hätte er ein reines Gewissen. Wenn er nicht unterschrieb, würde er als Christ glaubwürdig bleiben. Doch für ihn war es mehr, wenn er nicht unterschrieb: Ein Bekenntnis zu Jesus, den er durch sein Leben ehren möchte.

„Ich komme gleich!", rief er zurück. Jochen atmete tief durch. Er hatte sich entschieden: Er wollte sich auch in Zukunft im Spiegel in die Augen sehen können.

Nachdenkenswert

Nach seiner Auferstehung zeigt sich Jesus seinen Jüngern am See von Genezareth. Da entspannt sich ein eigenartiges Gespräch zwischen Jesus und Petrus. Dreimal hatte Petrus ihn verraten, und dreimal fragt Jesus ihn nun, ob er ihn lieb habe. Damit kann Petrus zwar nicht rückgängig machen, was geschehen ist, aber er kann ausdrücken, dass er bereut, was er getan hat, weil er nach wie vor zu Jesus gehören will.

Wann immer ein Hahn kräht, wird Petrus daran denken, dass Jesus ihm vergeben hat – sein ganzes Leben lang.

Angeregt

Wenn Sie Schuld plagt, dann lassen Sie sich zusprechen: Jesus liebt Sie noch immer. Und er vergibt Ihnen, wenn Sie ihn darum bitten.

Noch 4 Tage bis Ostern

STATION 8

Es gehört für mich zu den
erhabensten Gedanken:
Der Schöpfer und der Mann am
Kreuz ist ein und dieselbe Person!
Was hat diesen Herrn aller
Herren und König aller Könige
nur dazu bewogen, für mich ans
Kreuz zu gehen? […] Es ist seine
grenzenlose Liebe, die alles für
mich tat, damit ich nicht verloren
gehe.
Werner Gitt

F rüh am Morgen schließlich trafen die führenden Priester
zusammen mit den Ratsältesten und Gesetzeslehrern – also
der ganze jüdische Rat – die Entscheidung: Sie ließen Jesus
fesseln, führten ihn ab und übergaben ihn dem Statthalter
Pilatus.

Pilatus fragte Jesus: „Bist du der König der Juden?"
„Du sagst es", gab Jesus zur Antwort.
Die führenden Priester brachten viele Beschuldigungen gegen
ihn vor. Pilatus fragte ihn: „Willst du dich nicht verteidigen? Du
hast ja gehört, was sie dir alles vorwerfen."
Aber Jesus sagte kein einziges Wort. Darüber war Pilatus erstaunt.

Es war üblich, dass Pilatus zum Passafest einen Gefangenen be-
gnadigte, den das Volk bestimmen durfte.
Damals war gerade ein gewisser Barabbas im Gefängnis, zu-
sammen mit anderen, die während eines Aufruhrs einen Mord
begangen hatten. Die Volksmenge zog also zu Pilatus und bat für
Barabbas um die übliche Begnadigung.
Pilatus erwiderte: „Soll ich euch nicht den König der Juden frei-
geben?" Ihm wurde nämlich immer klarer, dass die führenden
Priester Jesus nur aus Neid an ihn ausgeliefert hatten.
Doch die führenden Priester redeten auf die Leute ein, sie sollten
fordern, dass er ihnen lieber Barabbas freigebe.
Da versuchte es Pilatus noch einmal und fragte sie: „Was soll ich
dann mit dem anderen machen, den ihr den König der Juden
nennt? Was wollt ihr?"
„Kreuzigen!", schrien sie.

*„Was hat er denn verbrochen?", fragte Pilatus. Aber sie schrien
noch lauter: „Kreuzigen!"*

*Um die Menge zufrieden zu stellen, ließ Pilatus ihnen Barabbas
frei und gab den Befehl, Jesus mit der Geißel auszupeitschen und
zu kreuzigen.*

*Die Soldaten brachten Jesus in den Innenhof des Palastes, der
dem Statthalter als Amtssitz diente, und riefen die ganze Mann-
schaft zusammen. Sie hängten ihm einen purpurfarbenen
Mantel um, flochten eine Krone aus Dornenzweigen und setzten
sie ihm auf.*

*Dann fingen sie an, ihn zu grüßen: „Hoch lebe der König der
Juden!" Sie schlugen ihn mit einem Stock auf den Kopf, spuckten
ihn an, knieten vor ihm nieder und huldigten ihm wie einem
König.*

*Nachdem sie so ihren Spott mit ihm getrieben hatten, nahmen
sie ihm den Mantel wieder ab, zogen ihm seine eigenen Kleider
wieder an und führten ihn hinaus, um ihn ans Kreuz zu nageln.*

Pontius Pilatus reist aus seiner prachtvollen, kühlen Residenz in Cäsarea Philippi zum Passafest ins heiße, mit Menschen überfüllte Jerusalem. Eine lästige Pflicht, um die Sicherheit in der Hauptstadt zu gewährleisten. Zu einem hohen Fest wie diesem ist die Gefahr eines Aufstandes immer hoch. Den römischen Regierungsbeamten über Judäa kümmern die religiösen Auseinandersetzungen der Juden nicht. Außerdem herrscht kalter Krieg zwischen Juden und Römern. Doch an diesem Morgen brauchen die Mitglieder des jüdischen Rats Pilatus. Er soll ein Todesurteil, das bereits feststeht, bestätigen und es durch römische Soldaten vollziehen lassen. Auf römische Weise: durch Kreuzigung.

Dem jüdischen Rat kann es nicht schnell genug gehen. Listig spielen die Mitglieder Jesus in die Hände von Pilatus, weil sie die Todesstrafe nicht vollstrecken dürfen. Ihr Vorwurf: Jesus hat gesagt, er sei der König der Juden. Besser könnte es gar nicht laufen, denn das ist ein romfeindlicher Anspruch und für einen römischen Regierungsbeamten eine ernst zu nehmende Anklage.
Listig stacheln sie die Menge an, Barabbas zu fordern. Der ist zwar ein Mörder, aber auch ein Widerstandskämpfer gegen die verhasste Fremdherrschaft der Römer. Besser könnte es gar nicht laufen, denn sie legen ihren Finger auf die pochende Wunde der Menschenmenge: ihre nationalistischen Gefühle. Jesus dagegen hat nie Anstalten gemacht, die Juden vom Joch der Römer zu befreien.

Pilatus, der für seine Grausamkeiten, Bestechlichkeit und seinen Eigensinn bekannt ist, erkennt die Unhaltbarkeit des Todesurteils. Trotzdem willigt er wider besseres Wissen in die geforderte Todesstrafe ein.

INRI, der Grund für das Urteil in Kurzform, wird später auf Veranlassung von Pilatus über dem Kreuz stehen: Jesus (von) **N**azareth, **R**ex Judaeorum (König der Juden).

Es ist nur eine Teilwahrheit, denn Jesus ist der König der ganzen Welt.

Dornenkrone – Königskrone

Mit der Dornenkrone auf dem Kopf steht Jesus vor denen, die ihren Spott mit ihm treiben.

Mit der Dornenkrone auf dem Kopf erträgt Jesus die, die über seine Spottkrone witzeln.

Mit der Dornenkrone auf dem Kopf blickt Jesus die an, die ihn als Spottkönig verhöhnen.

Mit einer Königskrone auf dem Kopf wird Jesus einmal vor ihnen stehen – und der Schreck wird ihnen in die Glieder fahren.

Mit einer Königskrone auf dem Kopf wird Jesus sie einmal ansehen – und sie werden vor Scham die Augen senken.

Mit einer Königskrone auf dem Kopf wird Jesus ihnen einmal gegenübertreten – und sie werden widerwillig niederknien und bekennen: Du bist der Herr aller Herren! Du bist der König aller Könige!

Nachdenkenswert

Durch das Glaubensbekenntnis ist Pilatus weltberühmt geworden. Abertausende Christen sprechen jeden Sonntag die Worte „gelitten unter Pontius Pilatus". Was für grauenvolle Stunden waren das, wo der Mensch über Jesus, den Sohn Gottes, verfügen konnte. Er hat sie auch für Sie durchstanden:

Nun, was du, Herr, erduldet,
ist alles meine Last;
ich hab es selbst verschuldet,
was du getragen hast.
Schau her, hier steh ich Armer,
der Zorn verdienet hat.
Gib mir, o mein Erbarmer,
den Anblick deiner Gnad.
Paul Gerhardt

Angeregt

Jesus ist König über alles: der König im Himmel, der König auf der Erde, der König des endlosen Universums. Wenn Sie an ihn glauben, gehören Sie zu seinem Reich, in dem er regiert.

● Als Königskind haben Sie jederzeit in jeder Angelegenheit unmittelbaren Zutritt zu seinem Thron.
● Als Königskind haben Sie jederzeit in jeder Angelegenheit das Recht, vor ihn zu treten.

Schneiden Sie sich als Erinnerung daran eine Krone aus und schreiben Sie darauf:
„HERR, du bist König, jetzt und allezeit!"
2. Mose 15,18

Noch 3 Tage bis Ostern

STATION 9

Nur wer ernsthaft darüber
nachgedacht hat,
wie schwer das Kreuz ist,
kann begreifen,
wie schwer die Sünde wiegt.
Anselm von Canterbury

Sie zwangen einen Mann, der gerade vorbeiging, für Jesus das Kreuz zu tragen. Es war Simon aus Zyrene, der Vater von Alexander und Rufus, der gerade vom Feld in die Stadt zurückkam.

Sie brachten Jesus an die Stelle, die Golgota heißt, das bedeutet übersetzt „Schädelplatz". Dort wollten sie ihm Wein mit einem betäubenden Zusatz zu trinken geben; aber Jesus nahm nichts davon.

Sie nagelten ihn ans Kreuz und verteilten dann untereinander seine Kleider. Durch das Los bestimmten sie, was jeder bekommen sollte. Es war neun Uhr morgens, als sie ihn kreuzigten. Als Grund für seine Hinrichtung hatte man auf ein Schild geschrieben: „Der König der Juden!"

Zugleich mit Jesus kreuzigten sie zwei Verbrecher, einen links und einen rechts von ihm.
Die Leute, die vorbeikamen, schüttelten den Kopf und verhöhnten Jesus: „Ha! Du wolltest den Tempel niederreißen und in drei Tagen einen neuen bauen! Dann befreie dich doch und komm herunter vom Kreuz!"

Genauso machten sich die führenden Priester und die Gesetzeslehrer über ihn lustig. „Anderen hat er geholfen", spotteten sie, „aber sich selbst kann er nicht helfen! Wenn er der versprochene Retter ist, der König von Israel, dann soll er doch jetzt vom Kreuz herunterkommen! Wenn wir das sehen, werden wir ihm glauben."

Auch die beiden, die mit ihm gekreuzigt waren, beschimpften ihn.

Ein Wort von Jesus, und die Engel hätten ihn vom Kreuz heruntergeholt. Doch Jesus hat eingewilligt, den Weg zu gehen. In vollem Bewusstsein. Deshalb lehnt er das betäubende Getränk ab, das die schrecklichen Qualen lindern soll.

Ein Wort von Jesus, und die Engel hätten ihn vom Kreuz heruntergeholt, völlig unversehrt. Nichts hätte mehr an die Folter erinnert, nichts mehr an die Kreuzigung.

Aber mit welchen Folgen!

Dann könnte uns nicht vergeben werden. Doch Jesus ließ sich freiwillig an unserer Stelle bestrafen. Eigentlich hätte es uns treffen müssen. Aber wir wurden verschont.

Wegen unserer Schuld wurde er gequält und wegen unseres Ungehorsams geschlagen. Die Strafe für unsere Schuld traf ihn, und wir sind gerettet (Jesaja 53,5a).

Dann wären wir nicht mit Gott versöhnt. Doch Jesus ließ sich freiwillig an unserer Stelle wie ein Feind Gottes behandeln. Eigentlich hätte es uns treffen müssen. Aber wir wurden verschont.

In Christus hat Gott selbst gehandelt und hat die Menschen mit sich versöhnt. Er hat ihnen ihre Verfehlungen vergeben und rechnet sie nicht an (2. Korinther 5,19).

Dann könnten wir nicht vor Gott gerecht werden. Doch Jesus ließ sich freiwillig an unserer Stelle als Sünder verurteilen. Eigentlich hätte es uns treffen müssen. Aber wir wurden verschont.

Gott hat Christus, der ohne Sünde war, an unserer Stelle als Sünder verurteilt, damit wir durch ihn vor Gott als gerecht bestehen können (2. Korinther 5,21).

Dann könnten wir nicht in Frieden mit Gott leben. Doch Jesus ertrug freiwillig an unserer Stelle den Zorn Gottes. Eigentlich hätte es uns treffen müssen. Aber wir wurden verschont. *Nachdem wir nun aufgrund des Glaubens bei Gott angenommen sind, haben wir Frieden mit Gott. Das verdanken wir Jesus Christus, unserem Herrn* (Römer 5,1).

Dann wären wir für immer verloren. Doch Jesus ließ sich freiwillig an unserer Stelle hinrichten. Eigentlich hätte es uns treffen müssen. Aber wir wurden verschont. *Wenn wir jetzt bei Gott angenommen sind, weil Christus sein Leben für uns gab, dann werden wir durch ihn erst recht aus dem kommenden Strafgericht gerettet werden* (Römer 5,9).

Und dann wäre bewiesen, dass Jesus uns nicht bis zum letzten Atemzug liebt. Doch Jesus blieb am Kreuz.
Und dann wäre bewiesen, dass Gott nicht bereit war, seinen Sohn bis zum Äußersten leiden zu lassen. Doch Gott hielt diesen furchtbaren Schmerz aus.

Zwischen Himmel und Erde hängst du dort,
ganz allein und verlassen von Mensch und Gott,
zwischen Himmel und Erde ausgestreckt, dort am Kreuz.
Zwischen Himmel und Erde hängst du dort,
wo die Balken sich kreuzen, ist der Ort,
wo sich Himmel und Erde trifft in dir, dort am Kreuz.
Albert Frey

Gemälde „Kreuzigung" von Michael Willfort

Das Lamm im Kreuz

„Hallo, du bist ja schon da. Wie schön!" Kristin hatte gerade die Haustür abgeschlossen und war auf dem Weg zur gegenüberliegenden Kirche, als ihre Tante ankam. „Die Baustelle ist aufgehoben worden. So brauchte ich heute nur 20 Minuten", erklärte Tante Lotte ihr frühes Erscheinen. Die rundliche, resolute Frau in den Sechzigern besuchte ab und zu ihre Nichte auf eine Tasse Kaffee. „Was willst du denn mit den schönen Blumen?", fragte sie.

„Die habe ich gerade für die Kirche gesteckt. Du weißt doch, ich bin seit kurzem die Küsterin."

Tante Lotte nickte. Sie mochte ihre Nichte wirklich gern. Aber mit Gott und der Kirche wollte sie seit ihrer Konfirmation nichts mehr zu tun haben.

„Gehst du mit? Ich stelle nur die Blumen auf den Altar. Geht ganz schnell."

Tante Lotte schloss ihr Auto ab und folgte Kristin. Mit abschätzendem Blick sah sie sich im Kirchenraum um. Kristin stellte das Blumengesteck links auf den Altar. In der Mitte stand ein Kreuz. Neugierig trat Tante Lotte näher.

„Warum ist denn da in der Mitte des Kreuzes ein Lamm?", fragte sie.

„Das ist das Osterlamm. Kennst du die Geschichte nicht?"

„Welche Geschichte?"

„Na die vom Passafest, das jedes Jahr in Erinnerung an den Auszug der Israeliten aus Ägypten gefeiert wurde. Da strichen die Israeliten das Blut eines Lammes an die Türpfosten ihrer Häu..."

Tante Lotte winkte ab. „Hör mir auf mit diesen blutrünstigen Geschichten", unterbrach sie Kristin. „Immer geht es beim christlichen Glauben um Blut, Blut, Blut. Das ist doch grässlich."

„Um auf deine Frage zurückzukommen", setzte Kristin wenig überrascht von diesem Gefühlsausbruch ihrer Tante wieder an, „dieses Lamm soll an Jesus erinnern, der auch das Lamm Gottes genannt wird. Siehst du das Lamm hier auf dem Kreuz? Es ist ganz in Weiß gehalten. So rein und unschuldig wie ein Lamm war Jesus – und auch so wehrlos. Er hat sich nicht gewehrt, als die Soldaten ihn schlugen und verspotteten. Hat sich nicht gewehrt, als er ans Kreuz geschlagen wurde."

„Und das war die grausamste Hinrichtungsart der damaligen Zeit. Danke. So was Geschmackloses und Hässliches."

Kristin versuchte es erneut. „Ja, diesen schändlichen Tod nahm Jesus auf sich. Gott ließ seinen Sohn für uns am Kreuz sterben."

„Wie kann ein Gott so was tun?" Aufgebracht blickte Tante Lotte Kristin an. „Seinen Sohn für andere sterben lassen! Welcher echte Vater, der ein Herz im Leib hat, wäre zu so was fähig? Keiner!"

Die Worte hallten in der leeren Kirche nach.

„Verstehen kann man das wohl erst, wenn man erfahren hat, wie schwerwiegend Sünde ist und wie weit sie uns von Gott trennt", begann Kristin nach einer Weile des Schweigens.

„Ach, Kindchen, lass mal", wehrte Tante Lotte ab. Sie wollte keine weitere Predigt hören. „Tut mir leid, dass ich so ausgerastet bin. Aber das hier", sie zeigte mit der Hand aufs Kreuz, „so lächerlich macht sich doch kein Gott."

Plötzlich fielen Sonnenstrahlen durch die seitlichen langen Fensterscheiben und brachten die roten und blauen Glassteine um das Lamm auf dem Kreuz zum Leuchten.

„Doch", erwiderte Kristin, „das machte er, damit seine Liebe zu uns Menschen durch Jesus leuchten kann."

Nachdenkenswert

Sünde, das ist die unüber-
windliche Mauer, die uns von
Gott trennt.
Für uns hat Jesus sie nieder-
gerissen, als er am Kreuz hing.

Sünde, das ist der tiefe Gra-
ben, der uns von Gott trennt.
Für uns hat Jesus ihn aufge-
füllt, als er am Kreuz blieb.

Sünde, das ist die unendliche
Distanz, die uns von Gott
trennt.
Für uns hat Jesus sie über-
brückt, als er am Kreuz sein
Leben aushauchte.

Sünde, das ist das unerhört
Böse in uns, das uns von Gott
trennt.
Für uns hat Jesus es überwunden, als er am Kreuz starb.

Als die Hände von Jesus sich
für die Nägel öffneten, öffneten sich die Türen des Himmels für Sie.
Max Lucado

Angeregt

Nehmen Sie sich heute Zeit, um still ein Kreuz zu betrachten.

Noch 2 Tage bis Ostern

STATION 10

Empfangen wir durch das Kreuz
die Vergebung, erschließt uns
Christus den Weg in Gottes
Heiligtum, dann sind wir ans Ziel
gekommen. Dann stehen wir da,
wo die Sonne der Barmherzigkeit
uns bescheint. Dann sind wir in
der Lage, in der uns nichts mehr
fehlt und nichts mehr verdammt,
weil Gottes Liebe uns völlig
umfasst.

Friedrich von Bodelschwingh

Um zwölf Uhr mittags verfinsterte sich der Himmel über dem ganzen Land. Das dauerte bis um drei Uhr. Gegen drei Uhr schrie Jesus: „Eloï, eloï, lema sabachtani?" – das heißt übersetzt: „Mein Gott, mein Gott, warum hast du mich verlassen?"

Einige von denen, die dabeistanden und es hörten, sagten: „Der ruft nach Elija!" Einer holte schnell einen Schwamm, tauchte ihn in Essig, steckte ihn auf eine Stange und wollte Jesus trinken lassen. Dabei sagte er: „Lasst mich machen! Wir wollen doch sehen, ob Elija kommt und ihn herunterholt."

Aber Jesus schrie laut auf und starb.

Da zerriss der Vorhang vor dem Allerheiligsten im Tempel von oben bis unten. Der römische Hauptmann aber, der dem Kreuz gegenüberstand und miterlebte, wie Jesus aufschrie und starb, sagte: „Dieser Mensch war wirklich Gottes Sohn!"

Auch einige Frauen waren da, die alles aus der Ferne beobachteten, unter ihnen Maria aus Magdala und Maria, die Mutter von Jakobus dem Jüngeren und von Joses, sowie Salome.
Schon während seines Wirkens in Galiläa waren sie Jesus gefolgt und hatten für ihn gesorgt. Außer ihnen waren noch viele andere Frauen da, die mit Jesus nach Jerusalem gekommen waren.

Weil es ein Freitag war, der Vorbereitungstag für den Sabbat, und weil es schon Abend wurde, wagte Josef von Arimathäa, zu Pilatus zu gehen und ihn um den Leichnam von Jesus zu bitten.

Josef war ein hoch geachtetes Ratsmitglied und einer von denen, die auch darauf warteten, dass Gott seine Herrschaft aufrichte.

Pilatus war erstaunt zu hören, dass Jesus schon gestorben sei. Er ließ sich daher von dem Hauptmann Bericht erstatten und fragte ihn, ob es sich so verhalte. Als der Hauptmann es ihm bestätigte, überließ er Josef den Leichnam.

Josef kaufte ein Leinentuch, nahm Jesus vom Kreuz und wickelte ihn in das Tuch. Dann legte er ihn in ein Grab, das in einen Felsen gehauen war, und rollte einen Stein vor den Grabeingang.

Maria aus Magdala und Maria, die Mutter von Joses, sahen sich genau an, wo Jesus bestattet worden war.

Urplötzlich breitet sich Dunkelheit übers Land aus und hüllt auch das Geschehen am Kreuz ein, drei Stunden lang, mitten am Tag. Die Dunkelheit ist ein Zeichen für das Gericht Gottes, das Jesus auf sich nimmt.

Jesus durchlebt den Gerichtstag jedes Menschen, jeden Schuldspruch, der die Menschen treffen müsste – und der jetzt ihn trifft. Das sind wir Gott wert.

Jesus durchlebt den flammenden Zorn Gottes, den die Menschen als gerechte Strafe abbekommen müssten – und der jetzt ihn überflutet. Das sind wir Gott wert.

Jesus durchlebt die abgrundtiefe Verlassenheit von Gott, die die Menschen wegen ihrer Schuld erleiden müssten – und die jetzt ihn quält. Das ist das Schlimmste von allem für Jesus: Dieses entsetzliche, fremde Gefühl, ganz allein zu sein, getrennt von dem, dessen ständige Gemeinschaft er wie kein anderer hatte. Das sind wir Gott wert.

Nach sechs höllischen Stunden stirbt Jesus. Urplötzlich strahlt die Sonne wieder und verdrängt die beklemmende Dunkelheit, denn:

● Jetzt ist die Schuld aller Menschen gesühnt.
● Jetzt ist der Zorn Gottes gestillt.
● Jetzt ist der Gerechtigkeit Gottes Genüge getan.
● Jetzt reißt der Vorhang, der das Allerheiligste vom übrigen Tempel trennt, entzwei, von oben nach unten – und der Weg zu Gott ist frei. Dieser Raum, in dem die Bundeslade mit den Zehn Geboten stand, symbolisierte den Wohnort Gottes auf der Erde. Er durfte nur ein Mal im Jahr, am Versöhnungstag, vom Hohenpriester betreten werden. Dort brachte er Blutopfer zur Versöhnung der Sünden für sich, seine Familie und das Volk.
● Jetzt hat jeder, der will, freien Zutritt zu Gott, egal zu welcher Tages- und Nachtzeit, egal in welcher Situation, egal mit welchem Anliegen. Er darf sich in Gottes Arme flüchten und bei ihm zur Ruhe kommen.

Ja und nochmals Ja

Das Gebrüll ihres Sohnes nahm zu, als er in ihre Richtung eilte und sich schließlich gegen ihre Beine schmiegte. Annika legte beide Hände auf die Schultern des Sechsjährigen und sah ihrem Mann fragend entgegen. Dem stand Entsetzen und Verzweiflung ins Gesicht geschrieben, dabei hatte Sven sich vermutlich nur irgendwo gestoßen.

„Ich habe ihn ordentlich geschlagen!", stieß Peter aus, wandte sich um und verschwand fluchtartig in sein Büro.

Annika küsste Sven auf den Haaransatz und bat ihre Tochter, sich um ihn zu kümmern. Sie folgte Peter.

Ihr Mann kauerte hinter seinem Schreibtisch, den Kopf in die Hände gestützt.
„Wie konnte ich das nur tun?", stieß er aus.

„Deine Arbeit frisst dich auf."

„Das ist keine Entschuldigung."

„Nein, aber das ist der Grund, weshalb dir die Hand ausgerutscht ist. Sven kann mit seinen ständigen Fragen ziemlich nerven, will man sich auf etwas konzentrieren."

„Wie kann ich morgen meiner Gemeinde in die Augen schauen und predigen, sie sollte ..." Peter vergrub sein Gesicht in den Händen.

„Niemand ist perfekt. Nicht einmal ein Pfarrer", wiederholte Annika die Worte, die sie ihm gegenüber schon so oft gebraucht hatte.

„Meine Unzulänglichkeiten, meine Fehler häufen sich", stieß er, erbarmungslos gegen sich selbst, aus.

„Dennoch sagt Gott Ja zu dir. Weil Jesus deine Schuld, sei sie nun groß oder eher unbedeutend, mit ans Kreuz nahm und dort starb, damit sie für immer vergeben ist."

„Das weiß ich doch!", sagte Peter nahezu hart, ohne sie dabei anzusehen.

„Du weißt es, aber nimmst du sein Geschenk an? Gottes Ja zu dir bedeutet, dass du trotz deiner Fehler geliebt bist und auch wieder das Ja zu dir selbst finden kannst."

Peter winkte ab, woraufhin Annika zuerst zu Sven ging und anschließend in die Küche zurückkehrte. Es dauerte länger als eine Stunde, bis Peter zu ihr trat.

„Der Kreuzestod von Jesus wäre sinnlos gewesen, wenn wir seine Vergebung und Liebe nicht annehmen würden. Genau das tun wir häufig. Womöglich ist das die größte Schuld in unserem Leben. Er ging diesen schweren Schritt für uns und wir sollten sein Geschenk nicht verachten. Du hast recht, ich brauche jeden Tag sein Ja zu mir, möchte ihm mein Ja schenken und ein weiteres für mich selbst reservieren. Und jetzt spreche ich mit Sven."
Elisabeth Büchle

Nachdenkenswert

Charles Haddon Spurgeon, ein bekannter englischer Prediger, sagte einem Freund kurz vor seinem Tod: „Meine Theologie ist einfach geworden, aber sie genügt mir vollkommen. Sie lässt sich in vier kleine Worte zusammenfassen. Es mag vielleicht nicht ganz genügen zum Predigen, aber es genügt, um damit zu sterben. Die Worte heißen: *Jesus starb für mich!* Das ist genug."

Angeregt

Das Kreuz ist etwas Abstoßendes, Hässliches, eine Zumutung. Es steht für Erniedrigung, Niederlage, Schmerz, Tod. Und doch ist es das am weitesten verbreitete religiöse Symbol der Welt. Versuchen Sie, bei diesem schrecklichen Geschehen zu verweilen und auszuhalten, was sich hier ereignet hat.

Noch 1 Tag bis Ostern

STATION 11

Jesus lebt, mit ihm auch ich!
Tod, wo sind nun deine Schrecken?
Er, er lebt und wird auch mich
von den Toten auferwecken.
Er verklärt mich in sein Licht;
dies ist meine Zuversicht.
Christian Fürchtegott Gellert

Am Abend, als der Sabbat vorbei war, kauften Maria aus Magdala und Maria, die Mutter von Jakobus, und Salome wohlriechende Öle, um den Toten damit zu salben. Ganz früh am Sonntagmorgen, als die Sonne gerade aufging, kamen sie zum Grab.

Unterwegs hatten sie noch zueinander gesagt: „Wer wird uns den Stein vom Grabeingang wegrollen?" Denn der Stein war sehr groß. Aber als sie hinsahen, bemerkten sie, dass er schon weggerollt worden war.

Sie gingen in die Grabkammer hinein und sahen dort auf der rechten Seite einen jungen Mann in einem weißen Gewand sitzen.

Sie erschraken sehr. Er aber sagte zu ihnen: „Habt keine Angst! Ihr sucht Jesus aus Nazaret, der ans Kreuz genagelt wurde. Er ist nicht hier; Gott hat ihn vom Tod auferweckt! Hier seht ihr die Stelle, wo sie ihn hingelegt hatten. Und nun geht und sagt seinen Jüngern, vor allem Petrus: ‚Er geht euch nach Galiläa voraus. Dort werdet ihr ihn sehen, genau wie er es euch gesagt hat.'"

Da verließen die Frauen die Grabkammer und flohen. Sie zitterten vor Entsetzen und sagten niemand ein Wort. Solche Angst hatten sie.

Nachdem Jesus früh am Sonntag auferstanden war, zeigte er sich zuerst Maria aus Magdala, die er von sieben bösen Geistern befreit hatte. Sie ging und berichtete es denen, die früher mit

Jesus zusammen gewesen waren und die jetzt trauerten und weinten. Als sie hörten, dass Jesus lebe und Maria ihn gesehen habe, glaubten sie es nicht.

Danach zeigte sich Jesus in fremder Gestalt zwei von ihnen, die zu einem Ort auf dem Land unterwegs waren. Sie kehrten um und erzählten es den anderen, aber die glaubten ihnen auch nicht.

Schließlich zeigte sich Jesus den elf Jüngern, während sie beim Essen waren. Er machte ihnen Vorwürfe, weil sie gezweifelt hatten und denen nicht glauben wollten, die ihn nach seiner Auferstehung gesehen hatten.

Dann sagte er zu ihnen: „Geht in die ganze Welt und verkündet die Gute Nachricht allen Menschen! Wer zum Glauben kommt und sich taufen lässt, wird gerettet. Wer nicht glaubt, den wird Gott verurteilen."

Am Samstagabend nach 18 Uhr kaufen die Frauen die wohlriechenden Öle. Früh am nächsten Morgen wollen sie Jesus einen letzten Liebesdienst erweisen und ihn gegen den Geruch der Verwesung nachträglich einsalben. Wegen des Sabbats hatten sie bis dahin keine Gelegenheit dazu.

Doch der Leichnam ist weg. Es gibt auch keinen mehr, denn Jesus ist auferstanden. Ein unglaubliches, unmögliches, unfassbares und total unerwartetes Geschehen. Und eines, über das die Frauen am leeren Grab zutiefst erschrecken, weil sie Gottes Macht überwältigend nah erleben.

Ja, der Leichnam ist weg. Es gibt auch keinen mehr, weil Jesus lebt, indem Gott selbst in die Geschichte eingegriffen hat. Später, wenn die Frauen ihre Sprachlosigkeit überwunden haben, werden sie es den Jüngern erzählen.

Doch die können das nicht glauben. Den Jesus, der gelehrt und geheilt hat, mit dem sie gegessen und getrunken haben, den haben sie gekannt. Und nun soll derselbe Jesus auferstanden sein? Das ist unvorstellbar. Die Frauen können ihnen eine Menge erzählen, gelten ihre Augenzeugenberichte doch allgemein als nicht zuverlässig. Und außerdem ist ihre ganze Hoffnung auf Gottes Reich auf Erden wie eine Seifenblase zerplatzt, als Jesus vor drei Tagen starb.

Doch der Leichnam ist weg. Es gibt auch keinen mehr, weil Jesus gegenwärtig ist. Erst als die Jünger ihn leibhaftig sehen, überwinden sie Trauer, Resignation und Unglauben. Erst als sie ihn leibhaftig sehen, können sie es fassen: Jesus lebt! Die Macht der Sünde, des Teufels und des Todes ist ein für alle Mal gebrochen! Das Leben hat über den Tod triumphiert!

Dieses einzigartige, überwältigende, wunderbare Geschehen muss in alle Welt hinausposaunt werden.

Gedanken zum Bild

„Auferstanden" hat die Künstlerin Schwester Georgia Andrzejewski dieses Gemälde genannt.

Im Mittelpunkt steht der auferstandene Jesus, der die Arme seitlich noch oben reckt. Sie sind nicht mehr ans Kreuz genagelt. Das Blut, durch das Rot rechts neben der Gestalt angedeutet, wird durch den Auferstandenen verdrängt, an die Seite geschoben.

Das Kreuz spielt keine Hauptrolle mehr. Es ist links neben der Gestalt angedeutet. Kein Blut ist daran zu sehen, weil Jesus durch sein Blut die Sünde der Menschen abgewaschen hat. Die schneeweiße Farbe erinnert an die Aussage von David: „Nimm meine Schuld von mir, dann werde ich rein! Wasche mich, dann werde ich weiß wie Schnee!" (Psalm 51,9).

Die Freude darüber, dass Hölle, Tod und Teufel überwunden sind, wird durch die leuchtenden Farben dargestellt. Gelb steht für Licht und Leben, Orange für Stärke und Freude. Nach der Dunkelheit von Karfreitag strahlt jetzt ein warmes Licht. Das Kreuz ist Vergangenheit. Jesus hat den Sieg errungen. Den kann ihm keine Macht der Welt wieder rauben. Auch deshalb füllt der Auferstandene beinah das ganze Bild aus.

Rechts neben dem Auferstandenen ist die Farbe Grün. Am unteren Rand ragt der Auferstandene in das Grün hinein. Grün steht für Leben, Hoffnung und Zuversicht. Sie gelten uns, solange wir auf dieser Welt leben.

Gemälde „Auferstanden" von Schwester Georgia Andrzejewski

Das leere Grab

Das Grab war leer. Die Archäologiestudentin Alexandra hob den Kopf und sah, wie der Ausgrabungsleiter die Hände zu Fäusten ballte und mit hängenden Schultern den Platz verließ.

Es gab keinen Leichnam, keinen goldverzierten Körperpanzer, keinen Helm, kein Schwert oder vergoldete Beinschienen, keine anderen wertvollen Grabbeilagen wie ein Silberdiadem oder Münzen.

Auch die übrigen Mitarbeiter wandten sich von dem leeren Felsloch ab. Es waren zumeist Einheimische aus den umliegenden Dörfern und Studenten, die aus unterschiedlichen Ländern angereist kamen, um in ihren Semesterferien in Griechenland praktische Erfahrungen zu sammeln und einen Teil ihrer Studiengebühren zu finanzieren. Alle körperlichen Anstrengungen, jeder Schweiß- und Blutstropfen, immerhin waren sie zu Beginn ihrer Suche mit Spitzhacken vorgegangen, war vergebens vergossen worden.

Alexandra sank müde auf die Felsplatte, die als Grabdeckel gedient hatte und von ihnen freigelegt und beiseite gehoben worden war. Sie ließ ihre Beine über dessen Kante in die bereits geplünderte Gruft baumeln, legte den Kopf in den Nacken und reckte ihr Gesicht mit geschlossenen Augen der Aprilsonne entgegen.

Obwohl sie hörte, wie Medea, die als Übersetzerin fungierende Sprachstudentin, neben ihr Platz nahm, verharrte sie in ihrer Position, erfüllt mit Trauer und Enttäuschung. Von weit entfernt, wie aus einer anderen Welt, klang das tiefe Dröhnen von Kirchenglocken bis zur Ausgrabungsstätte. Es war Ostern. Doch ihr

Feuereifer, ihre Vorfreude hatte das Team auch an diesem Tag nicht ruhen lassen. Sie wussten: Heute würde ihnen der Durchbruch gelingen.

„Niemand konnte damit rechnen, dass das Grab leer ist", sagte Medea nach einer Weile. Alexandra nickte, während Medea fortfuhr: „Auch das Grab von Jesus war leer. Das heute ist ein Tiefschlag für uns. Aber sein leeres Grab ist der größte Gewinn, ein Schatz für uns Menschen. Es ist unsere Hoffnung darauf, dass unser Leben nicht in einem dunklen, feuchten Grab endet, sondern bei ihm, in seiner wundervollen Ewigkeit weitergeht."

Alexandra schaute Medea prüfend an. Sie hatte recht! Heute war Ostern. Tag der Auferstehung! Es würde andere antike Gräber zu entdecken geben, aber von dem leeren Grab Jesu sollte sie sich nicht traurig abwenden. Denn es bedeutet unaussprechliche, ewige Freude.
Elisabeth Büchle

Nachdenkenswert

Feiert mit mir das Fest aller
Feste!
Schmückt trauernde Häuser.
Kehrt Schmutz von den
Straßen.
Lasst leere Tische sich biegen.
Schlagt verschlossene Fässer
auf.

Freut euch mit mir am
Wunder aller Wunder!
Kommt aus Kellern der Angst.
Öffnet verriegelte Türen.
Reißt dumpfe Fenster auf.
Springt in helle Freiheit.

Lacht mit mir voll der Freude
aller Freuden!
Das Grab aller Gräber wurde
gesprengt.

Der Stein der Verzweiflung ist
weggerollt.
Der Mann der Schmerzen lebt
unter uns.
Die neue Welt hat ihren
ersten Tag.

Singt mit mir vom Sieg aller
Siege!
Fegt die Angst aus den
Herzen.
Lacht dunklen Mächten ins
Gesicht.
Widersteht den Herren von
gestern.
Wagt schon heute das Leben
von morgen.
Johannes Hansen

Angeregt

Wem können Sie heute erzählen, woran Sie in Ihrem Leben
hautnah erfahren, dass Jesus lebt und gegenwärtig ist?

Heute ist endlich Ostern!

Quellenhinweise

Titelbild „Auferstanden" von Schwester Georgia Andrzejewski, 2002, © ars liturgica Buch- & Kunstverlag, MARIA LAACH (das Motiv ist beim Verlag als Postkarte, Nr. 404290, und als Gruß-Doppelkarte, Nr. 414290, erhältlich); Abdruck mit freundlicher Genehmigung

Seite 9 „Jesus zieht in Jerusalem ein" von Cornelia Patschorke, www.cornelia-patschorke.de; Abdruck mit freundlicher Genehmigung

Seite 19 „Maria salbt Jesus" von Michael Willfort, www.kunst2day.de; Abdruck mit freundlicher Genehmigung

Seite 21 Lied „I love you, Lord" / „Ich lieb dich, Herr", Text und Musik: Laurie Klein, Deutsch von Gitta Leuschner, © Universal Music Brentwood Benson, Publishing, Druckrechte D, A, CH: Small Stone Media Germany GmbH, Köln; Abdruck mit freundlicher Genehmigung

Seite 29 „Das Passamahl" von Michael Willfort, www.kunst2day.de; Abdruck mit freundlicher Genehmigung

Seite 37 „Flehen" von Michael Willfort, www.kunst2day.de; Abdruck mit freundlicher Genehmigung

Seite 45 „Jesus wird gefangen genommen" von Christine Hartmann, hartmann-aterlier14@gmx.de; Abdruck mit freundlicher Genehmigung

Hinweise & Impulse für Gruppenstunden

1 Thema: Jesus zieht in Jerusalem ein S. 5

Markus 11,1-11 / Weitere Bibeltexte: 2. Samuel 6,3; 2. Könige 9,12-13; 1. Makkabäer 13,51; 2. Makkabäer 14,4; Johannes 12,13

Gesprächsimpuls
Die Propheten des Alten Testaments redeten wiederholt von dem Messias, dem Retter Israels, dem Erlöser, den Gott schicken würde:
- Bileam, etwa 1.400 Jahre bevor Jesus geboren wurde: „Ich sehe einen, noch ist er nicht da; ganz fern erblick ich ihn, er kommt bestimmt! Ein *Stern* geht auf im Volk der Jakobssöhne, ein *König* steigt empor in Israel" (4. Mose 24,17).
- Jesaja, etwa 700 Jahre bevor Jesus geboren wurde: „Ein *Spross* wächst aus dem Baumstumpf Isai, ein neuer Trieb schießt hervor aus seinen Wurzeln" (Jes 11,1).
Aber derselbe Jesaja sieht das schreckliche Ende des Bevollmächtigten Gottes voraus.
- Daniel, etwa 600 Jahre bevor Jesus geboren wurde: „Danach sah ich in meiner Vision einen, der aussah wie ein Mensch. Er kam mit den Wolken heran und wurde vor den Thron des Uralten geführt. Der verlieh ihm Macht, Ehre und Herrschaft, und die Menschen aller Nationen, Völker und Sprachen unterwarfen sich ihm. Seine Macht ist ewig und unvergänglich, seine Herrschaft wird niemals aufhören" (Dan 7,13-14).

Zusammen Jesaja 52,13–53,12 lesen und herausfiltern, was zum damaligen Bild des Retters und Erlösers nicht passte – und vielleicht uns heute noch immer nicht gefällt. Stellen Sie heraus: Erst durch seinen Tod gelangt der leidende Jesus zur ewigen Herrschaft.

2 Thema: Eine Frau ehrt Jesus vor seinem Sterben S. 15

Markus 14,3-9 / Weitere Bibeltexte: Johannes 11; 12,3

Gesprächsimpuls
Tragen Sie die Personen
zusammen, die bei diesem
Essen anwesend waren. Wer
von den Teilnehmern würde

welche Person sein wollen –
mit welcher Begründung?
- Simon, der Hausherr
- Maria
- Lazarus
- Frau, die das Essen aufträgt
- ein protestierender Jünger
- ein schweigender Jünger

3 Thema: Vorbereitung und Feier des Passamahls; Vorhersage der Verleugnung des Petrus S. 23

Markus 14,12-31 / Weitere
Bibeltexte: 2. Mose 12; Lukas
22,8; Johannes 6,70-71

Gesprächsimpuls
Einstieg:
Tun Sie etwas, was Sie sonst
noch nie bei Ihrem Treffen in
dieser Jahreszeit getan haben.
Zum Beispiel Punsch oder
Partyhäppchen servieren.
Hauptteil:
- Den Text miteinander lesen.
- Frage: Wer möchte ein Erleb-
nis erzählen, das er mit einem

Vers des Textes verbindet?
- Jemand liest den Text noch
einmal vor.
- Frage: Welche Aussage
im Text ist unverständlich
oder irritiert sogar, welche
überrascht? (Hier auf den
ungewöhnlichen Einstieg
eingehen, siehe die überra-
schenden Worte von Jesus
beim Passamahl.)
- Jemand liest den Text noch
einmal vor.
- Frage: Was nimmt jeder aus
dem Text mit nach Hause?

4 Thema: Jesus betet im Garten Getsemani S. 33

Markus 14,32-42 / Weitere Bibeltexte: Johannes 13,30; 18,2; 2. Korinther 5,21; Hebräer 5,7-8

Gesprächsimpuls
Tragen Sie zusammen, was die Gründe für persönliches Leiden sein können (zum Beispiel: körperliche Schmerzen, eine schlimme ärztliche Diagnose, die Erfahrung von Verlust, problematische oder gescheiterte Beziehungen, das Gefühl, von Gott verlassen zu sein, Depressionen, Geldnot, eigene Schuld).
Fragen:
- Wie gehen die Einzelnen damit um? (Manche verbergen das Leid sogar vor denen, die ihnen am nächsten stehen, weil sie ihre Schwachheit nicht zeigen wollen.)
- Welche Anregungen gibt das Gebet von Jesus in Getsemani, die uns helfen, das eigene Leid anzunehmen und zu überwinden?

5 Thema: Jesus wird verhaftet S. 41

Markus 14,43-50 / Weitere Bibeltexte: Matthäus 26,15.50; 27,3-5; Markus 9,31; 14,31; Lukas 6,16; 22,3.49-51; Johannes 6,70; 12,6; 13,21.26; 18,5.10

Gesprächsimpuls
Tragen Sie zusammen, was wir über Judas wissen: Matthäus 27,3-10; Markus 3,19; 14,43-45; Johannes 6,70-71; 12,1-6; Apostelgeschichte 1,16-19.
Gehen Sie auf die Gründe ein, warum Judas Jesus verraten haben könnte.
Frage: Hätte Judas anders handeln können (s. auch „Hallo Judas" auf Seite 46)?

6 Thema: Jesus vor dem jüdischen Rat S. 49

Markus 14,53-65 / Weitere Bibeltexte: Psalm 110,1; Daniel 7,13-14; Markus 11,15-17; 12,1-12.37b-40; 13,2; 14,56-59; Johannes 2,19-21

Gesprächsimpuls
Sprechen Sie über die beiden folgenden Zitate:
Mit dem Begriff „Menschensohn" beansprucht Jesus, Gott zu sein. Die Menschen verstanden damals jedoch nicht, dass Gott drei in einem ist: Gott Vater, Gott Sohn und Gott Heiliger Geist. „Nur die Dreieinigkeit Gottes birgt in sich die Chance, den autonomen Menschen sowohl moralisch und gesetzlich gerecht zu strafen als auch in unendlicher Liebe mit sich selbst zu versöhnen" (Hans F. Bayer).

„Entweder war dieser Mensch Gottes Sohn, oder er war ein Narr oder Schlimmeres. Man kann ihn als Geisteskranken einsperren, man kann ihn verachten oder als Dämon töten. Oder man kann ihm zu Füßen fallen und ihn Herr und Gott nennen. Aber man kann ihn nicht mit gönnerhafter Herablassung als einen großen Lehrer der Menschheit bezeichnen. Das war nie seine Absicht; diese Möglichkeit hat er uns nicht offengelassen" (C. S. Lewis).

7 Thema: Petrus verleugnet Jesus S. 59

Markus 14,66-72 / Weiterer Bibeltext: Johannes 21,15-17

Gesprächsimpuls
Teilen Sie die Gruppe in vier Kleingruppen. Jede bearbeitet einen der folgenden Texte mit der Fragestellung: Was mag Petrus in dem Moment gedacht und gefühlt haben?
- Markus 14,27-31
- Markus 14,66-71

- Markus 14,72
- Johannes 21,15-17

Tragen Sie am Schluss die Ergebnisse zusammen.

8 Thema: Jesus vor Pilatus; das Todesurteil S. 67

S. 67

Markus 15,1-20 / Weitere Bibeltexte: 2. Mose 15,18; Philipper 2,9-11; Offenbarung 19,16

Gesprächsimpuls
- Bilden Sie zwei Gruppen. Die erste versetzt sich in die Lage von Pilatus und verfasst einen Brief an dessen Freund über seine Erlebnisse (Vers 1-15).
Die zweite versetzt sich in die Lage eines Soldaten und verfasst einen Brief an dessen Freund über seine Erlebnisse (Vers 16-20).
- Die Briefe vorlesen lassen.
- Tauschen Sie sich darüber aus, was die Einzelnen beim Formulieren erlebt und vielleicht neu entdeckt haben.
- Singen Sie zum Schluss das Lied „O Haupt voll Blut und Wunden".

9 Thema: Jesus am Kreuz S. 75

S. 75

Markus 15,21-32

Gesprächsimpuls
- Platzieren Sie ein Kreuz oder das Bild eines Kreuzes gut sichtbar im Raum.
- Hören Sie sich gemeinsam die Chorsätze „Seht an das Gotteslamm" und „Wahrlich, wahrlich" aus dem Oratorium „Der Messias", 2. Teil, von Friedrich Händel an. Alternative: Singen Sie gemeinsam ein Passionslied.
- Äußerlich betrachtet ist die Kreuzigung von Jesus und den beiden Verbrechern lediglich eine wirksame Abschreckung gegen Aufrührer. Kreuzigungen haben die Römer schon

tausendfach routiniert durch-
geführt. Warum ist die Kreuzigung von Jesus trotzdem wie
keine andere? Tauschen Sie
sich darüber aus.
- Damals haben die Men-
schen Jesus am Kreuz ver-
höhnt und beschimpft. Tragen
Sie in einem „stummen
Austausch" auf einem großen
Bogen Papier zusammen, was
die Einzelnen beim Betrachten des Kreuzes Jesus sagen
möchten.

10 Thema: Jesus stirbt und wird ins Grab gelegt S. 83

Markus 15,33-47 / Weitere
Bibeltexte: 2. Mose 10,21-23;
3. Mose 16,1-17; Jesaja 13,9-10

Gesprächsimpuls
Möglichkeit 1:
- Berichten Sie von einem
Kunstwerk im Bamberger
Dom:
Am Bamberger Dom ist eine
Darstellung des Jüngsten
Gerichtes in Stein gehauen.
Der Erzengel Michael hält in
der Hand eine Waage. Auf
der einen Waagschale liegen
dicke Bücher, die die Sün-
denregister darstellen. An
dieser Schale hängen kleine
Teufelchen, die versuchen, sie
nach unten zu ziehen. Aber
sie schaffen es nicht, obwohl

in der anderen Schale nur ein
kleiner Kelch steht. Er enthält
die guten Taten des Men-
schen. Sie wiegen schwerer
als das Sündenregister.
- Sprechen Sie darüber, ob
gute Taten Sünden wegwa-
schen können.
- Geben Sie dem Kelch eine
andere Interpretation: Was,
wenn er für das Blut stehen
würde, das Jesus für die
Schuld der Menschen vergossen hat?
- Machen Sie deutlich, dass
nur das Blut von Jesus Sünde
tilgen kann. Es „wiegt schwerer" als unsere Schuld.

Möglichkeit 2:
- Lesen Sie gemeinsam die

Beschreibung der inneren Ausstattung des Allerheiligsten: 1. Könige 6,14-32. Was bedeutet es, dass der Vorhang von oben nach unten zerriss, als Jesus starb?

11 Thema: Die Frauen am leeren Grab; Jesus erscheint als Auferstandener S. 91

Markus 16,1-16

Gesprächsimpuls
- Arbeiten Sie mit den Teilnehmern anhand von 1. Korinther 15,12-22 heraus, was wäre, wenn Jesus nicht von den Toten auferstanden wäre. Warum also ist seit diesem Sonntag die Welt nicht mehr dieselbe?
- Probieren Sie doch mal gemeinsam ein Osterlachen wie es russische Christen anstimmen. Denn: „Der Herr ist auferstanden, er ist wahrhaftig auferstanden."